Hans Buob
Berufen zur Hingabe

Hans Buob

Berufen zur Hingabe

Die evangelischen Räte

VER◈ITAS

CIP-Titelaufnahme der Deutschen Bibliothek
Buob, Hans:
Berufen zur Hingabe: die evangelischen Räte / Hans Buob. –
1. Aufl. – Linz: Veritas, 1990

ISBN 3-85329-854-0

© VERITAS-Verlag Linz; alle Rechte vorbehalten
Gedruckt in Österreich; 1. Auflage 1990
Gesamtherstellung: LANDESVERLAG Druck Linz

ISBN 3-85329-854-0

Inhaltsverzeichnis

Quellenangaben

Die Vorträge sind durchgehend aus gesprochenem Wort entstanden. Das hat zur Folge, daß hier nur die wichtigsten zitierten kirchlichen Dokumente ohne Anspruch auf Vollständigkeit der Quellen angeführt werden können.

Dekrekt „Perfectae Caritatis" (im Text bezeichnet als „Ordensdekret") des II. Vatikanischen Konzils vom 28. 10. 1965 über die zeitgemäße Erneuerung des Ordenslebens. In: Acta Apostolicae Sedis 57 (1965), deutsch: Rahner/Vorgrimmler, „Kleines Konzilskompendium", Herder 1978.

Dogmatische Konstitution „Lumen Gentium" des II. Vatikanischen Konzils vom 21. November 1964 über die Kirche. In: Acta Apostolicae Sedis 57 (1965); deutsch: Rahner/Vorgrimmler, „Kleines Konzilskompendium" , Herder 1978

Pastoralkonstitution „Gaudium et Spes" des II. Vatikanischen Konzils vom 7. 12. 1965 über die Kirche in der Welt von heute. In: Acta Apostolicae Sedis 58 (1966), deutsch: Rahner/Vorgrimmler „Kleines Konzilskompendium, Herder 1978.

Enzyklika „Ecclesiam Suam" Pauls VI. vom 6.8.1964 über das Wesen der Kirche. In: Acta Apostolicae Sedis 56 (1964).

Apostolisches Schreiben „Evangelii Nuntiandi" Pauls VI. vom 8. Dezember 1975 über die Evangelisierung in der Welt von heute. In: Acta Apostolicae Sedis 68 (1976).

Vorwort

Wer die letzen Bücher P. Buobs gelesen hat, weiß, wieviel geistige Nahrung sie beinhalten. So ist es auch mir ergangen, und ich wartete mit Ungeduld auf das Erscheinen eines neuen Bandes. P. Buobs liebevolle Art, mit „Patienten" umzugehen, löste in einem anwesenden Unternehmer spontan das „Charisma der Finanzierung" aus. Gesagt – getan! Hier ist das Buch.

Es ist vielleicht einer jener „Zufälle" Gottes, daß es ein Familienvater war, der es ermöglichte, eine Vortragsreihe P. Buobs über Hingabe in Gehorsam, Ehelosigkeit und Armut herauszugeben. Denn es ist keineswegs nur ein Buch für Ordensleute! Was P. Buob dem Leser eröffnet, ist die vielfältige Schönheit der Räte Gottes in jedem Getauften, sichtbar vorgelebt in der Ordensberufung.

Ich glaube und hoffe, daß dieses Buch vielen Jugendlichen in einfachen Worten zeigen kann, was eine Berufung ist, und den Berufenen – Verheirateten wie Ordensleuten – den Weg zur vollkommenen Hingabe in ihrer Berufung weisen kann. Dadurch wird die Schönheit der Kirche, das ist die Braut Christi, sowie ihre universelle Sorge um alle Menschen und den ganzen Menschen auch in unserer Zeit besser sichtbar werden.

Rom, den 29. Juni 1990
Fest Peter und Paul

Dr. Leo–M. Maasburg, sac.
E & Rp

VOLLKOMMENE HINGABE

Lasset uns beten:
Vater im Himmel,
Du bist total arm geworden
in Deiner Hingabe,
Du hast Dich in Jesus Christus
ganz weggegeben,
so daß Dich sieht, wer Ihn sieht.

Du hast Dich in uns weggegeben
und hast nichts für Dich behalten.
Du wartest,
bis wir uns zurückschenken,
damit Du in uns alles werden kannst.

Erfülle uns mit der Teilnahme
an Deinem Wesen
und laß unsere Hingabe
von allen Formen der Last
und der Belastung befreit,
zu einer Quelle des Lebens
und der Freude werden.
Um diese Gnade bitten wir Dich.
Amen.

1. Trinitarische Hingabe

Gott selbst ist in Sich Hingabe

Ordensleute leben, wie es die Tradition nennt, das „Leben der Vollkommenheit". Aber was ist das? – Das Leben der Vollkommenheit liegt einzig und allein *in Gott*. Das Wichtigste auf dem Weg zur Vollkommenheit in Gott ist die Haltung der Hingabe. Gott ist in Sich selbst Hingabe. *Der Vater hat sich total weggegeben in den Sohn:* „Wer den Sohn sieht, der sieht den Vater" (vgl. Joh 14,9). Der Sohn ist der total verschenkte Vater – ohne daß der Vater etwas zurückbehalten hat. Auf diese Weise lebt der Vater die totale *Armut*. Der Vater verläßt sich ganz darauf, daß der Sohn sich zurückschenkt. *Und der Sohn schenkt sich vollkommen zurück.* Seine Hingabe an den Vater vollzieht sich im *Gehorsam*. Der Sohn kann nur das tun, was Er den Vater tun sieht (vgl. Joh 8,38). Es ist Seine Speise, den Willen des Vaters zu tun (Joh 4,34) – und zwar bis hinein in den Tod. Deshalb ist der Gehorsam das Höchste, die höchste Form der Freiheit. Der Höhepunkt dieses Gehorsams ereignet sich im letzten Augenblick am Kreuz in jenem Aufschrei: „Warum hast Du mich verlassen?" (Mt 27,46). Genau in diesem Augenblick gibt sich der Sohn radikal an den zurück, der Ihn total verlassen hat – totale Auslieferung, absolute Hingabe, absoluter Gehorsam! Diese wesenhafte Hingabe ist der Heilige Geist: Er ist Verschenkung. *Der Heilige Geist ist das Schenken und Empfangen des Vaters und des Sohnes.*

In Seiner Hingabe hat Gott uns selber vorgelebt, was für *uns* das Wichtigste ist. Wir sind ja nicht „aus Luft" entstanden, sondern wir sind vom Vater, wie auch der Sohn vom Vater ist. *Wir sind etwas, was der Vater von Sich her verschenkt hat,* und wir sind Person geworden.

Durch die Sünde sind wir dem Vater entrissen worden und in die Gottferne geraten. Etwas vom Vater hat sich Ihm entfremdet! Das ist etwas Unvorstellbares! Jesus ist in diese Verlorenheit und Gottverlassenheit, in die wir durch die Sünde gekommen sind, hineingegangen, um uns zurückzuholen zum Vater, damit wir wieder zurückkehren können zu dem, dem wir gehören. Aber wir müssen selber zustimmen – und genau das ist „Hingabe", wie es Teresa von Avila nennt, oder „Umkehr", wie es das Evangelium nennt. Die Hingabe ist das Wichtigste und das Entscheidendste in unserem Leben, die wichtigste Mitwirkung an der Heiligung unseres Lebens.

Das Leben der Vollkommenheit in den drei Räten

Das Leben der Vollkommenheit drückt sich in den drei evangelischen Räten aus, die Gott selbst in Sich lebt: Der Vater lebt die Armut, der Sohn den absoluten Gehorsam, der Heilige Geist ist die jungfräulich keusche, sich vollkommen verschenkende Liebe. Dieses Leben der Vollkommenheit aber ist nur lebbar, wenn ihm die Hingabe vorausgeht. Man kann ehelos, ohne Mann bzw. Frau, moralisch völlig einwandfrei leben. Aber das hat noch nichts mit christlicher Jungfräulichkeit zu tun, wenn ihr nicht die absolute Hingabe vorausgeht. Wir können arm und einfach leben. Aber das hat nichts mit der Armut des Vaters zu tun, wenn ihr nicht die Hingabe vorausgeht. Denn nur in der Hingabe besteht die wahre Armut.

Hingabe ist einmalig und gnadenhaft geschenkt

Darum ist es wichtig, sich in seinem Leben als Christ immer wieder bewußt zu werden, was Hingabe bedeutet.

Zwei Dinge sind dazu wesentlich: Hingabe ist etwas *Un-wiederholbares und Einmaliges*. Hingabe vollzieht sich im Augenblick – wo Gott selber mir die Möglichkeit gibt, meine Hingabe zu leben.

Bedenken wir dabei aber immer, daß Hingabe *nicht mit einem Willensakt machbar* ist. Wir müssen Gott darum bitten, daß diese Gnade, die uns in der Taufe angeboten ist, in uns aktualisiert wird. Dann werde ich plötzlich im Herzen spüren, wie ich Gott sagen kann: „Jetzt gehört Dir alles – von ganzem Herzen." Und es wird sich in mir nichts mehr wehren, nichts mehr dagegenstellen, auch nicht die Angst, die frägt: „Gott, was machst Du aus mir, wenn ich Dir gehöre?" – Ich werde dann keine Angst mehr haben, denn ich liefere mich der absoluten Liebe aus, die mich mehr liebt als ich mich selbst lieben kann. Wenn das im Herzen möglich wird, dann ist der Augenblick gekommen, meine Hingabe auch auszudrücken. Prüfen wir, ob das schon geschehen ist. Das ist ganz wichtig und entscheidend. Denn sonst ist ein frohlockendes Leben in Fülle nicht möglich.

2. Hingabe nach Teresa von Avila

Gott die Erlaubnis geben

Die hl. Teresa von Avila schreibt: „Alle Ratschläge, die ich euch in diesem Buche gegeben habe, verfolgen nur das eine Ziel: euch so weit zu bringen, daß ihr euch dem Schöpfer restlos (d.h. ohne Reste!) anheimstellt, Ihm euren Willen unterstellt und euch von den Geschöpfen loslöst." Dieses Loslösen von den Geschöpfen ist nicht ein Willensakt, sondern ein *Gott–Erlauben,* daß Er mich im Lauf meines Lebens immer mehr befreit. Das hat etwas mit dem geistlichen Prozeß zu tun, in dem Gott mich befreit und die Anhänglichkeit an das Geschöpfliche abfällt, wo ich frei werde und die Dinge der Welt nicht mehr brauche, um glücklich zu sein, sondern wo diese Dinge nur noch Ausdruck meines Glückes sind; Ausdruck dafür, daß Gott in mir ist.

Teresa sagt weiter: „auf diese Weise machen wir uns nämlich bereit, rasch zum Ziel unseres Laufes zu gelangen und das lebendige Wasser des Quells, von dem wir gesprochen haben, zu genießen. Wenn wir unseren Willen nicht restlos dem Herrn überlassen, damit Er selber um unser Wohl Sorge trage, wird Er uns niemals aus diesem Born trinken lassen." Die Grundvoraussetzung, um die Fülle des Lebens zu erlangen, besteht darin, meinen Willen Gott restlos anheimzustellen. Das Höchste, was der Mensch geben kann, sind *Verstand und Wille* – die Fähigkeit seiner Geistseele. Das ist die *Höchstform der Hingabe*. Deshalb ist der Gehorsam Jesu am Kreuz, wo Er sich dem übergibt, der Ihn verlassen hat, die Höchstform der Hingabe. Der Gehorsam ist das Entscheidendste – und deshalb auch das Schwerste. *Etwas* geben, das kann jeder. *Irgendetwas von sich* zu geben, geht vielleicht auch noch, aber *seinen eigenen Willen* zu geben...! Seinen Willen dem Willen Gottes, sogar dem Willen eines Menschen, zu unterstellen um Gottes willen – das ist die Höchstform der Hingabe. Wir dürfen wissen, wie Teresa sagt, daß Gott es niemals zuläßt, daß ich irregeführt werde, wenn ich gehorsam bin.

Kein inneres Gebet ohne Hingabe

Teresa fährt fort: „Welche Macht liegt in dieser Hingabe! Unfehlbar zieht diese Hingabe den Allmächtigen an und veranlaßt Ihn, nur eins zu werden mit meiner Niedrigkeit." Eben deshalb beginnt eigentlich erst mit der Hingabe das tiefere, geistliche Leben, das hinführt zum inneren Gebet. *Ohne Hingabe kommen wir nie zum inneren Gebet,* zu einer tieferen Erfahrung Gottes in der inneren Wirklichkeit. Es bleibt alles an der Oberfläche, ein unerfülltes asketisches Mühen bis zum Tod. Wiederholt bestätigt die hl. Teresa die enge Beziehung zwischen dem inneren Gebet, dem beschaulichen Gebet, dem übernatürlichen Gebet und der Selbsthingabe. Die *Selbsthingabe ist die Voraussetzung,* daß Gott mich ins innere Gebet führen kann. Die ersten kontemplativen Gnaden können schon sehr früh im mündlichen Gebet einsetzen, wenn ich innerlich ein leichtes Berührt–Werden spüre. Ich merke z.B. beim Beten eines Psalmverses,.wie er mich innerlich berührt. Ein solch stilles Ergriffen–Sein ist bereits das Anklingen kontemplativer Gnade.

Wenn ich darüber „wegbete", mich nicht darum kümmere, nicht für ein paar Augenblicke stehenbleibe, dann schlage ich mit meinem mündlichen Gebet die höhere Gebetsgnade tot, wie Katharina von Siena sagt. Gott bietet sie dann nicht mehr an, weil ich sie ja nicht annehme. *Viele kommen nie zum inneren Gebet, weil sie die Angebote Gottes mit ihrem mündlichen Beten dauernd totschlagen* und nicht hinhören, wenn diese Anfangsgnade der Kontemplation geschenkt wird. Hier bedarf es großer Feinfühligkeit für die Führung des Geistes. Deshalb sagt Teresa: „Auf die ersten kontemplativen Gnaden (dieser ganz einfachen Weise) muß die Seele mit dem vollständigen Geschenk ihrer selbst antworten. Andernfalls wiederholen sich die genannten Gnaden höchstens vorübergehend. Wenn wir uns der göttlichen Majestät nicht mit der gleichen Liebe schenken, wie sie sich uns schenkt, so ist es eine große Gnade ihrerseits, wenn sie uns im betrachtenden Gebet beläßt. Was aber die anderen anbelangt (die darauf eingehen), so werden sie als Lieblingskinder behandelt."

Die Wahrheit über mein Gottesbild

Prüfen wir unser Herz! *Wieviel Zögern finde ich in meinem eigenen Herzen,* wenn es um die Verwirklichung der Selbsthingabe geht, wenn ich das Gebet des hl. Ignatius bete: „Nimm hin meinen ganzen Verstand, meinen Willen, meine Freiheit..." Kommt da in mir nicht hoch: „Nein, lieber Gott, heute noch nicht, lieber morgen... Den Verstand kannst Du mir doch nicht nehmen, da lande ich ja irgendwo in einer Anstalt. – Und meinen Willen, meine Freiheit – muß das alles sein? Was machst du denn dann mit mir?" – Fühlen wir nicht oft in dieser Richtung? Wenn es um die Hingabe geht, spüren wir, was wir von Gott halten und was wir wirklich von Ihm denken. Da erlebe ich die Wahrheit über mein Gottesbild: „Ein Gott, der so etwas mit mir tut...! – Nein, einem solchen Gott diene ich nicht." Aber ein solcher Gott läßt sich auch nicht für uns kreuzigen. *Unser Gott hat sich radikal ausgeliefert* – an mich, einen Menschen. Und ich zögere, mich an Ihn auszuliefern! Ich habe immer Angst, daß er mich unterdrückt und kleinmacht. Aber was ist denn das für ein Gott, der so etwas tut? Das ist doch nicht der Gott, den Christus offenbart hat! *Seien wir ehrlich zu unserem Herzen!* Vertuschen wir unsere Gedanken und Gefühle nicht, indem wir sagen: „Es darf nicht so sein!" – Natürlich sollte es nicht so sein – aber es ist eben so. Ich spüre noch immer das alte Mißtrauen gegen Gott in mir. Seien wir ehrlich zu unserem Herzen und geben wir es zu, wie es ist, auch wenn wir vielleicht schon 80 Jahre alt sind! – „Gut, das ist so. Ich habe meine Fehler immer noch in mir. Dann will ich die Armut des Unvermögens leben, damit diese Armut

Deinen Reichtum anzieht und es mir mit Deiner Hilfe möglich wird!" – *Voraussetzung der Hingabe, die Gott erlaubt zu handeln, ist immer das freie Bekenntnis, wer ich bin.*

Nur Zinsen und Erträge?

Die Hingabe muß – wie Teresa meint – ein absolutes Geschenk sein, wenn sie die Fülle der göttlichen Gaben nach sich ziehen soll. Sie schreibt: „Wir sind so bedächtig, Gott das absolute Geschenk unserer ganzen Person zu machen, daß wir gar nicht damit fertig werden, uns auf diese große Gnade vorzubereiten" (– weil wir vorher sterben!). „Es scheint uns, wir würden Gott alles schenken. Dabei geben wir Ihm doch nur Zinsen und Erträge, während wir für uns *Kapital und Eigentumsrecht zurückbehalten.*" Kapital und Eigentumsrecht behalten wir zurück, aber den Abfall bekommt Er, auch Zinsen und Erträge. Und da meinen wir, daß wir Ihm damit alles gegeben haben. Wenn es dann aber an die Substanz geht, fragen wir: „Gott, muß das sein? Ich mache doch genug für Dich. Sei doch bitte einmal zufrieden! Warum brauchst Du gerade mich?" Wenn ich so etwas in mir spüre, ist es wichtig, daß ich es auch zugebe und sage: „Herr, und trotzdem möchte ich Dir gehören! Gib mir die Gnade dazu!" Von diesem absoluten Geschenk schreibt Teresa: „*Wir werden nie damit fertig, Gott das absolute Geschenk unserer ganzen Person darzubringen.*" Das heißt: es ist ein einmaliges Gnadengeschenk, wenn ich spüre, daß ich mein Leben ganz Gott übereignen kann. Dieser einmalige Entschluß der Ganzhingabe bewirkt zugleich aber ein dauerndes Geschehen mein ganzes Leben hindurch, wo meine Hingabe jeden Augenblick zum Ausdruck kommen muß. Hingabe ist also die *wichtigste Form meiner*

Mitwirkung im Reich Gottes. Ich soll aber auch vor Gott eingestehen, daß ich es vielleicht noch nicht ganz kann und immer noch viel für mich zurückbehalte. Geben wir Ihm dann diese „Armut des Unvermögens", und bitten wir Ihn um die Gnade der Hingabe.

Gott nimmt nur, was wir Ihm geben

Beim Gebet der Hingabe gibt es leicht *Illusionen,* denn man meint manchmal, man hätte sich Gott hingegeben, ohne die Hingabe wirklich vollzogen zu haben. Deshalb spricht Teresa von Avila von der Notwendigkeit der Hingabe. Notwendig deshalb, weil Gott unseren Willen nicht zwingt. Gott will, daß ich mich freiwillig hingebe. Johanna Franziska von Chantal sagt: *„Gott tut unserer Freiheit niemals Gewalt an."* – Niemals, denn die Freiheit ist das Höchste, was wir haben. Sie ist das, was uns Gott am ähnlichsten macht. Darum kann Gott alles tun, sobald ich Ihm meine Freiheit schenke. Das geschieht im *Gehorsam,* d.h. dort, wo ich meinen Willen dem Seinen unterstelle und Ihm damit meine Freiheit übergebe. Dann kann Gott handeln. Dann kann er in mir allmächtig werden. Dann können wir Größeres tun als Er selbst getan hat. Den tiefsten Beweggrund für die Notwendigkeit der Selbsthingabe formuliert Teresa so: „Gott nimmt nur, was wir Ihm *geben.* Aber Er verschenkt sich nicht ganz, solange wir uns Ihm nicht vollkommen hingegeben haben." Es ist ja nicht möglich, daß Er sich ganz in mich hineinverschenkt, solange noch alles voll ist von mir selbst.

Erst, wenn ich von mir selbst leer geworden bin, dann kann Er sich ganz mit mir vereinen. Genau das meint auch Meister Eckehard, wenn er sagt: „Es ist ein gerechter Tausch: *Gott geht nur so weit in dich ein, als du aus dir ausgezogen bist.*" Dieser „Auszug" ist Hingabe. Sie ist

Grundvoraussetzung, daß Gott ganz einziehen kann. Er wird mir dabei nie Zwang antun. Er kann sich mir nur in dem Maß schenken, wie ich mich Ihm in Freiheit öffne. Daß Gott nur so weit einzieht, als ich ausgezogen bin, das ist – wie Teresa bestätigt – ganz gewiß: „Da diese Wahrheit äußerst wichtig ist, kann ich euch nicht oft genug daran erinnern." – Wir können auch uns selbst nicht oft genug daran erinnern! – „Der Herr kann nämlich in der Seele nur frei schalten und walten, wenn Er sie von jeder Kreatur losgelöst und ganz Ihm zueigen vorfindet. Andernfalls wüßte ich nicht, wie Er das tun könnte, da Er doch ein so großer Freund der Ordnung ist." Dieser Zusammenhang ist so wichtig, daß die Theologen allgemein sagen: *Statt den Menschen zu zwingen, zieht Gott es vor, das Risiko eines teilweisen Scheiterns Seiner ewigen Pläne und Ratschlüsse in Kauf zu nehmen.* Denken wir an den Sündenfall: ein Scheitern Seiner Heilspläne! Er mußte Umwege gehen. Denken wir auch an die Sintflut. Denken wir auch an unser eigenes Leben: Wieviele Umwege mußte Er da schon gehen? Normalerweise wird der Mensch siebzig, wenn es hoch kommt achtzig Jahre (vgl. Ps 90,10). Dann aber sollte er heilig sein. Und wir rechnen noch damit, daß wir „nachsitzen" müssen im Fegefeuer. Aber derartiges ist da nicht vorgesehen! Die Gnade Gottes sieht vor, daß wir mit siebzig heilig sind – wenn es hoch kommt mit achtzig . . .

3. Gelebte Hingabe im Alltag

Zur Heiligkeit verpflichtet

Das zweite vatikanische Konzil sagt an drei Stellen, daß *jeder Getaufte zur Heiligkeit berufen, ja sogar verpflichtet ist.* Verpflichtet aber kann ich nur zu etwas sein, was mir möglich ist. Jeder von uns erhält die Gnade, heilig zu werden – auch mit seiner Lebensgeschichte, und wenn sie noch so ruiniert wäre. Der eine beginnt bei minus 60 und kommt nur auf plus 2. Der andere fängt bei plus 40 an und kommt nur auf plus 50. Der Zweite scheint heiliger zu sein – aber der Erste ist einen viel längeren Weg gegangen: Er ist heiliger. *Der Weg, den Gott den einzelnen Menschen führt, ist ganz individuell.* Und meine Lebensgeschichte gehört zu diesem Weg – da ist nichts falsch daran. So ist die Läuterung des Menschenlebens bei jedem verschieden, entsprechend der jeweiligen Lebensgeschichte.

Die Wichtigkeit des Augenblicks

Was auch immer im jeweiligen Augenblick geschieht, ist das Wichtigste, was uns überhaupt im Leben begegnen kann. *Was jetzt im Augenblick geschieht, ist das Wichtigste für meine Heiligung.* Selbst wenn ich in diesem Augenblick sündige, so ist die Erkenntnis dieser Sünde das Wichtigste für meine Heiligung. Für den, der Gott liebt, ist es verdemütigend, sich sündigen zu sehen. Aber fliehen wir nicht dauernd aus dem Augenblick? Sagen wir nicht oft: „Hoffentlich wird es bald wieder besser! Hoffentlich wird es morgen anders!" *Wir wollen alles – nur nicht den Augenblick leben.* Wir fliehen entweder in die Vergangenheit: „War das schön!" oder in das Morgen: „Hoffentlich wird es anders!", leben aber nicht den Augenblick – und werden deshalb auch nicht heilig. Wir verpassen immer den Augenblick, in dem wir in der Werkstatt Gottes sind, und Er uns heiligt. Und wenn ich in der Mangel bin – dann bleibe ich darin, bis ich „gebügelt" bin! Bis die Falten der Braut ausgebügelt sind, wie das Wort Gottes es sagt (vgl. Eph 5,27). Das ist die Wahrheit. Und das ist so einfach, daß es der einfachste Mensch leben kann. Denken wir immer daran: Eher geht Gott das Risiko ein, Seine Heilspläne scheitern zu lassen oder Umwege machen zu müssen, als daß Er unseren freien Willen zwingt. Wie kostbar ist unser freier Wille vor Gott! Wie gewaltig, *wie allmächtig ist mein freier Wille vor Gott,* wenn ich ihn Gott überlasse. Dann handelt Seine Allmacht durch mich.

Der Wille des Vaters ist meine Speise

Die freiwillige Mitarbeit des Menschen wird geradezu zu einer notwendigen Bedingung für die Verwirklichung der ewigen Ratschlüsse der göttlichen Barmherzigkeit. So hat sich Gott bei der Menschwerdung Jesu *das Ja, die Zustimmung Mariens,* zuerst eingeholt. Das ist ein Modellfall – für uns alle. *Gott holt jeden Augenblick mein Ja ein.* Und wenn ich zustimme, dann geschieht etwas. Dieses Zustimmen ist das Entscheidende, und es geschieht nicht im Gestern, nicht im Morgen, sondern – jetzt, im Augenblick. Das war das *Geheimnis Jesu.* Jesus hatte zwei Naturen: eine göttliche und eine menschliche. Er war Gott und Er war vollkommener Mensch, mit geschaffenem Leib und geschaffener Seele. Damit hatte er auch *zwei Willen: einen göttlichen und einen menschlichen.* Wenn in dieser einen Person eine dauernde Revolution gewesen wäre und der menschliche Wille dauernd gegen den göttlichen gestritten hätte, vom Augenblick der Menschwerdung bis hin zum Kreuz – das wäre nicht zu leben gewesen. Deshalb heißt es: Beim Augenblick der Menschwerdung, im Schoß Mariens, beim Eintritt in die Welt sprach ich: Einen Leib hast Du mir bereitet. Siehe ich komme, Deinen Willen zu erfüllen (vgl. Hebr 10,5ff). Im Augenblick der Menschwerdung stimmt sofort der menschliche Wille Jesu dem göttlichen Willen Jesu zu. Durch Sein ganzes Leben zieht sich der Satz „*Meine Speise ist es, den Willen dessen zu tun, der mich gesandt hat*" (Joh 4,34). Es geht durch bis zum Ölberg: „Vater, nicht mein Wille geschehe, sondern der Deine" (vgl. Mk 14,36) und weiter bis zum letzten Wort: „Es ist vollbracht!" (Joh 19,30). Das war der ganze Weg der Erlösung, der nicht erst mit dem Kreuz begonnen hat, sondern bereits mit diesem ersten Wort, als Jesus Seinen menschlichen Willen dem göttlichen Willen in Sich unterstellte. Was muß es für Jesus bedeutet haben, für Ihn, den Sohn Gottes, der eine solche Liebe zum Vater hatte und zu uns, die wir ja zu Ihm gehören, dreißig von 33 Jahren das Leben der Gewöhnlichkeit – als Handwerker, als Zimmermann – leben zu müssen. Das hätte jeder andere auch zustandegebracht. Dazu muß man nicht Gottes Sohn sein, dazu braucht man als Gott nicht Mensch zu werden. 30 Jahre lang durfte Er, der eine so glühende Liebe zum Vater hatte, nichts von Ihm erzählen. Er mußte ein Leben der Verborgenheit leben und so den menschlichen Willen dem göttlichen unterstellen. 30 Jahre durfte Er nichts für die Menschen tun, die Er so liebte! Wie rebellieren wir, wenn wir einmal durch irgendeine Führung etwas zu Gewöhnliches tun sollen, wir, die wir doch zu etwas viel Größerem berufen sind! – Das ist das Entscheidendste unseres geistlichen Lebens. Das wissen wir von allen Heiligen. Aber bei denen ist das ja normal, nur bei uns nicht! Wir werden ja auf eine andere Weise heilig! – Nein, auch für uns geht der Weg der Heiligung über die Unterordnung unseres Willens unter den göttlichen Willen.

Heilig werden durch Zustimmung

Denken wir an Johannes vom Kreuz, der von seinen Mitbrüdern eingesperrt und jeden Tag geprügelt und geschlagen wurde, der einen so stinkenden Eiterfuß hatte, daß ihn keiner mehr pflegen wollte. Dann starb er. Doch nach seinem Tod verschwand der Gestank und seinem Leib entströmte Wohlgeruch. Da erst merkten seine Mitbrüder, daß er doch recht gehabt hatte, und der Orden erneuerte sich. Nicht Johannes erneuerte ihn. Er hatte zwar seine Lehre verfaßt. Aber erst nach seinem Leiden und seinem Tod brach die Erneuerung durch. So hat Jesus die Welt erlöst – indem Er *von Anfang an Seinen menschlichen Willen dem göttlichen unterstellt* hat: in jedem Augenblick, bis zum letzten Schrei am Kreuz. Wenn wir diese Zustimmung leben, werden wir ganz schnell heilig. Zustimmen! – auch in unser Schwachheit – zu dem, was wir nicht vermögen: daß ich jetzt launisch war, und alle es gesehen haben; daß ich jetzt blamiert bin mit meiner ganzen Heiligkeit, denn nun wissen wieder alle, daß ich noch lange nicht heilig bin. Das ist der Weg der Heiligung. Das ist Hingabe, die einmal vollzogen ist, sich dann aber in jedem Augenblick *verwirklichen* muß. Die Theologen sagen auch: Wenn Gott sich vollkommen mit einem Menschen vereinigen will – und das ist das Ziel allen inneren Gebetes, fordert Er dessen persönliche Zustimmung und aktive Mitarbeit. Diese aktive Mitarbeit besteht in der *Zustimmung*, im *Zulassen*. Die Gnade kommt uns zuvor: „gratia adiuvans" – die helfende Gnade. Aber sie setzt ihr Werk erst fort und entfaltet sich ganz, wenn ich zustimme.

Glaube, der Berge versetzt

Wir alle kennen folgendes Erlebnis: Ich stehe plötzlich vor einem Berg, sehe keinen Weg und weiß nicht, was dahinter kommt. Was machen wir dann? Resignieren wir dann nicht, indem wir sagen: „Gott, was mutest Du mir da zu? Ein solcher Berg! Da bin ich noch nie darüber gekommen! Das kann ich auch jetzt nicht." Anstatt daß wir sagen: „Herr, da komme ich allein nicht hinüber. Aber ich stimme dem zu, was Du jetzt vorhast. Ich stehe jetzt vor dem Berg, mache aber einfach den ersten Schritt." Und ich merke, wie es geht. Schritt für Schritt – und auf einmal bin ich darüber! Prüfen wir uns, wie oft wir heute vor bestimmten Situationen sagten: „Das kann ich nicht!" Oder wenn es um Tugenden ging: „Das schaffe ich nie!" Oder bei irgendeiner äußeren Tätigkeit: „Das kann ich nicht!" – *Sagen wir nie mehr: „Das kann ich nicht!"* Wir müssen es auch nicht können. Wir müssen nur zustimmen. Wenn ich mich Gott hingegeben habe, und es kommt eine schwierige Situation auf mich zu, so gehe ich in dieser Haltung zum Herrn: „Herr, ich weiß nicht, was Du vorhast. Ich verstehe auch nichts davon. Ich weiß nicht, wie das gehen kann. Aber ich stimme einfach einmal zu und mache den nächsten Schritt."

Ich war fünf Jahre Kaplan in Augsburg. Da kam ganz unerwartet eines Tages der Provinzial zu mir und sagte: „Du wirst Novizenmeister!" – Drei Kurse, vierzig Novizen. Ich hatte noch nie einen Vortrag von einer 3/4 Stunde gehalten. Jetzt sollte ich davon drei am Tag halten – für drei Kurse. Ich hatte keinen Stoff. Bisher hatte ich höchstens eine Predigt von 10 Minuten gehalten! Wenn ich nicht von dieser Haltung der Hingabe ausgegangen wäre, hätte ich es nie geschafft. Ich konnte mir wirklich nicht vorstellen, etwas Vernünftiges zustandezubringen. Es war für mich unvorstellbar, Novizenmeister zu sein, vor diesen „Theologen" zu stehen... Ich hatte nicht ein Wort vorbereitet; die ganze Sache war für mich unfaßbar. Von den evangelischen Räten z.B. hatte ich noch nie etwas gehört. – Doch ich stimmte einfach zu. Und ich wunderte mich, mit welcher *Freiheit* ich meine neue Aufgabe angehen konnte –

obwohl ich nicht wußte, was ich machen sollte und es gleich losging, ohne daß ich noch lange Zeit zur Vorbereitung hatte. Ich schaute dann verschiedene Zeitschriften durch und spannte mehrere Novizen gleichzeitig zum Schreiben ein. So stellte ich einfach zusammen, was ich über die verschiedenen Themen finden konnte. Und es ging – irgendwie ging es. Ich denke, daß die Gnade alles vollbracht hat – anders kann ich es mir nicht erklären. Und ich glaube, daß ich dabei mehr gewonnen habe als alle anderen.

Hingabe Schritt – für – Schritt

Hingabe heißt: *Schritt für Schritt gehen,* so gut es eben möglich ist. Wir müssen nicht alles auf einmal machen. Wir müssen nur zustimmen! Das gilt auch, *wenn ich verletzt werde*: „Herr, ich stimme jetzt einfach zu. Du hast sicher irgendetwas vor. Meiner Demut schadet es auf keinen Fall..." Versuchen wir wirklich, in ganz schlichter Form dem Augenblick *zuzustimmen.* Das ist die wahre Hingabe. Der Augenblick soll das Wichtigste in unserem Leben sein. So kann Heiligkeit wachsen. Und wenn das Geschehen des Augenblicks noch so verrückt ist, dann denken wir: „Das ist das Wichtigste meines Lebens. Ich wünsche mir nicht, daß das so schnell wie möglich vorbei geht und etwas Neues kommt. Nein, jetzt, in diesem Augenblick stimme ich zu. Ich bin ganz im Augenblick, ich nehme ihn ganz an, schöpfe ihn ganz aus und stimme ganz zu." Das ist alles. Dann kann auch die Gnade ihr Werk fortsetzen. Und denken wir daran zurück, wann immer wir es so gemacht haben – selbst wenn wir dazu gezwungen waren, weil wir keine andere Möglichkeit hatten – haben wir da nicht gestaunt, wie wir es geschafft haben? Sobald ich diese Zustimmung gebe, trägt mich die

Gnade durch alles hindurch. Dann wird eine große Gnade geschenkt, die wir anders nicht erhalten können.

Herr, wenn Du so von mir geliebt werden willst

Was ist zu tun, wenn es *im Gebet* ganz erbärmlich läuft: Wir denken an alles Mögliche, nur nicht an Gott – daß wir dann zustimmen: *„Herr, wenn Du jetzt so von mir geliebt werden willst,* dann liebe ich Dich eben auf diese Weise – in meiner ganzen Erbärmlichkeit. Ich stimme einfach zu und rege mich nicht auf." – Wenn ich über mich selbst in Wut gerate, so ist das nichts als verletzter Stolz und hat mit Andacht und Frömmigkeit nichts zu tun. In einer solchen Situation wende ich mich an den Herrn und stimme zu, daß ich jetzt nichts zusammenbringe. Obwohl ich mich ständig neu sammle, bin ich im nächsten Moment schon wieder weg. – „Wenn du so geliebt werden willst, Herr, so ist es für mich das Wichtigste, daß ich Deinen Willen jetzt erfülle." Zustimmung also auch im Gebet!

Der Mitmensch: Arzt meines Lebens

Die Regeln der Hingabe gelten ebenso in der *zwischenmenschlichen Beziehung,* gerade dann, wenn es überhaupt nicht zu funktionieren scheint: „Herr, ich möchte zu diesem oder jenem Menschen zustimmen, der jetzt Dein Werkzeug für mich ist." Johannes vom Kreuz sagt: „Ihr betet immer darum, daß Gott euch heilig machen möge. *Und wenn Gott daran geht, es zu tun, dann wehrt ihr euch gegen Seine Werkzeuge."* – Die Werkzeuge aber sind die Mitmenschen. *Heilig werden wir nur in einer Gemeinschaft* und nicht in der Wüste. In der Wüste bilde ich mir vielleicht ein, heilig zu sein, aber in der Gemeinschaft merke ich, ob ich es auch wirklich bin. Andererseits fällt manches in der Gemeinschaft leichter als in der Wüste:

Ein alter Mönchsvater ging einmal eine zeitlang aus seiner Gemeinschaft heraus in die Wüste. Als er wieder zurückkam, fragte ihn der Abt, wie es denn gewesen wäre. – „Ja, es war ganz gut. Etwas aber ist mir komisch vorgekommen. In der Gemeinschaft fällt mir das Fasten viel leichter als in der Wüste. Dort ist es mir viel schwerer gefallen. Da antwortete ihm der Abt: „Das glaube ich. *In der Wüste hattest du keine Zuschauer!*" Prüfen wir uns da einmal! *Ich werde mich also nur kennenlernen, wenn ich mit Menschen zusammenlebe.* Darum ließen die alten Mönchsväter der ersten drei Jahrhunderte keinen Mönch in die Wüste, in die Einsamkeit, bevor er sich nicht in der Gemeinschaft bewährt hatte. Und darum mußten sich die Mönche in der Wüste oft vorstellen – da sie ja dort niemanden hatten – wie sie reagieren würden, wenn jetzt ein Bruder käme und sie stören würde. Diese komplizierte Form der Askese brauchen wir nicht. Wir brauchen uns das nicht vorzustellen, denn wir erleben jeden Tag, wie wir reagieren. Wir haben es also viel einfacher! *An den Ecken der anderen lerne ich meine eigenen Ecken kennen.* Das ist wichtig!

Deshalb sagen die alten Mönchsväter: „*Der Mitmensch ist der Arzt meines Lebens.* Er reißt meine Wunden auf, und zugleich heilt er sie" – durch seine dauernde Gegenwart und seine Eigenart. Ich erkenne meine Wunde, meine schwache Seite. Dadurch wird sie aufgerissen, kann ausbluten, den Eiter herauslassen und so heil werden. Denken wir an so manche Tugend, die wir so langsam in uns reifen spüren. Bestimmt halten wir heute manche Dinge aus, bei denen wir vor zwanzig Jahren vielleicht noch an die Decke gegangen sind. Heute merke ich, wie ich bei denselben Verhaltensweisen eines Mitmenschen ganz ruhig und gelassen bleiben kann. Sehen wir, was da gewachsen ist? Das meinen die alten Mönchsväter, wenn sie sagen: der Mitmensch ist ein Arzt. Er reißt mir die Wunde auf – und heilt sie dann durch sein ständiges Dasein und seine Eigenart.

DIE EVANGELISCHEN RÄTE

Lasset uns beten:
Herr, ich bitte Dich,
laß jeden einzelnen jene Berufung
noch deutlicher erkennen,
die Du ihm zu seiner allgemeinen Berufung
mit allen anderen
vielleicht noch dazugibst.

Laß uns Hörende sein in den einzelnen Situa-
tionen unseres Lebens,
ob Du nicht von uns
noch ein Stück von dem,
was wir „Leben" nennen, willst,
um Dich uns so
noch mehr offenbaren zu können
und Dich durch uns der Welt zu verkünden.

Herr, laß uns Hörende,
wirklich Gehorsame sein,
zu Deiner Verherrlichung
und zum Heil der Menschen
und der ganzen Welt.
Amen.

1. Die evangelischen Räte im Neuen Testament

Die Vielfalt evangelischer Räte

Bevor wir die drei evangelischen Räte – Ehelosigkeit, Armut, Gehorsam – im einzelnen durchbetrachten, möchte ich eine Einordnung dieser drei Räte in die gesamten evangelischen Räte des Neuen Testaments versuchen. Es gibt im Neuen Testament nicht nur drei Räte, sondern viel mehr. Bei diesen evangelischen Räten des neuen Testaments geht es grundsätzlich immer darum, *einen großen irdischen Wert zurückzustellen um eines viel größeren Wertes willen*, um „des einen Notwendigen willen" (vgl. Lk 10, 42). Es geht dabei nicht um „Unwerte", d.h. eine Abwertung des Irdischen, sondern um neue *Werte*, die Gott uns gegeben hat. Jeder evangelische Rat steht in Beziehung zu einem großen irdischen Wert. Bei jedem evangelischen Rat wird nun einer gerufen, diesen Wert zurückzustellen, auf ihn zu verzichten – aber nicht um des Verzichtes willen, sondern um Zeugnis zu geben für das Größere, für das eine Notwendige. Letztlich legt die ganze Kirche, der ganze Leib Christi, Zeugnis dafür ab, daß *„Gott allein genügt"*, wie die große Teresa v.A. das ausdrückt. Die *ganze Kirche* lebt in ihren einzelnen Gliedern den Verzicht *aller* irdischen Werte. Sie stellt diese zurück, weil sie sie nicht braucht, um glücklich zu sein, denn Gott allein genügt. In diesen Räten kommt also nicht nur irgendetwas zum Ausdruck – z.B. irgendeine Form der Frömmigkeit, sondern *in ihnen wird die Kraft der Erlösung sichtbar:* Hier sind Menschen, die bestimmte Werte nicht brauchen, um glücklich zu sein, denn sie haben ihr Glück aus der innersten Gemeinschaft mit Gott.

So finden wir bereits auf den Ebenen der drei „klassischen" Räte – Ehelosigkeit, Armut, Gehorsam – im Neuen Testament verschiedene Formen:

Formen der Armut

Es ist nicht möglich zu sagen: christliche Armut ist dann gegeben, wenn du nur 10 Mark hast oder wenn du überhaupt nichts hast. Schon im Neuen Testament finden wir verschiedene Formen dieser Armut:

Denken wir an den reichen Jüngling, dem Jesus sagt: „Wenn *du* vollkommen werden willst, dann *verkaufe* alles, was du hast und gib es den Armen. – Dein ganzes Gut, ohne Reste. – Dann komm und folge mir" (vgl. Mt 19,21; Mk 10,21; Lk 18,22;). Das hat Jesus aber nur zu dem reichen Jüngling gesagt. Oder denken wir an die Apostel, die sagen: „Herr, wir haben alles verlassen. Was wird uns zuteil?" (vgl. Mt 19,27). „*Verlassen*" haben sie alles, aber sie haben nichts „verkauft". Sie kehrten immer wieder ins Haus des Petrus zurück und stärkten sich dort. Sie stiegen in das Boot des Petrus. Petrus fuhr mit *seinem* Boot hinaus zum Fischen, damit sie wieder etwas zu essen hatten. Später schreibt Paulus: „Ich könnte es genauso machen wie Kephas und die anderen, die auf ihre Missionsreisen ihre Frauen mitnehmen, die ihnen dienen" (vgl. 1 Kor 9,5) – Sie haben also nichts verkauft. Sie haben es nur zurückgelassen. Hier zeigt sich wieder eine andere Form. Oder Joseph von Arimathäa: Von ihm heißt es, daß er ein begüterter Ratsherr war, kein armer. Von ihm wollte Jesus nur *das neue Grab*, mehr nicht (vgl. Lk 23,50–53). Oder Zachäus, der Oberzöllner, der auch nicht arm war. Er bot Jesus nur *die Hälfte seiner Habe*, und Jesus gab sich zufrieden mit diesem Angebot (vgl. Lk 19,8–9). Von den sog. begüterten Geschwistern von Betanien – Maria, Martha und Lazarus –

hat er nur die *Gastfreundschaft* gewollt. Er kam immer wieder mit Seinen Jüngern bei ihnen vorbei, um aufzutanken und dann wieder weiterzuziehen (vgl. Lk 10,38–42). Jesus stellt also *nicht an jeden dieselbe Forderung*, allein was diesen Bereich der materiellen Armut anbelangt. Jeder evangelische Rat stellt eine bestimmte Form des Verzichts dar. In jedem Rat wird ein Wert auf bestimmte Weise zurückgestellt – nicht einfach alles, sondern eben etwas jeweils Bestimmtes. So haben wir das bis heute in den verschiedenen Ordensgemeinschaften. In jeder Gemeinschaft ist es daher anders: die eine hat überhaupt kein persönliches Eigentum, anderswo gehört das Eigentum nur der Gemeinschaft, wieder woanders gibt es weder in der Gemeinschaft, noch für den einzelnen Eigentum, bei den Pallottinern hingegen haben die Gemeinschaft und der einzelne Eigentum. Und alle nennen das „evangelischer Rat der Armut".

Formen der Ehelosigkeit

Ähnlich können wir das Gesagte auch auf den Begriff der Ehelosigkeit anwenden: Wir haben im Neuen Testament den Rat Ehelosigkeit, *das ganze Leben hindurch* um Christi willen jungfräulich zu leben (vgl. Mt 19,12). Wir haben aber auch den *Stand der Witwen* (vgl. 1 Tim 5,3–16). Sie leben eine Form der Ehelosigkeit „im nachhinein", d.h. erst im Anschluß an eine Ehe. Noch eine andere Form findet sich sowohl im Buch des Mose, als auch im Neuen Testament: die *Josefsehe* – dauernder Verzicht auf den ehelichen Verkehr. Maria und Josef haben so gelebt, und ich kenne Menschen, die das aus gegenseitigem Antrieb heraus tun. Nicht weil sie müssen, sondern weil beide im Laufe ihrer Ehe zur gleichen Zeit den Impuls bekamen, so zu leben. Aber zunächst wagte keiner, es dem anderen zu sagen, bis einer die Gelegenheit gekommen sah, einmal tastend zu fragen: „Wie denkst denn du über so etwas?" und dann stellten sie fest, daß beide denselben inneren Drang schon lange Zeit hatten – wirklich aus ihrer Gemeinschaft mit Christus her. Das ist eine ganz persönliche Berufung, die man nicht verallgemeinern kann.

Bei evangelischen Räten wird es immer so sein, daß die Welt uns für verrückt erklärt, wenn wir ihr davon erzählen. Diese Art zu leben ist für die Welt zwangsläufig verrückt: Warum sollte man denn einen ihrer Werte zurückstellen? So gibt es also auch in der Berufung zur christlichen Ehelosigkeit verschiedene Formen – verschiedene Räte unter demselben Begriff. Ich möchte jetzt einige markante evangelische Räte des Neuen Testaments vorstellen. Ich glaube, es ist sehr wichtig, *unsere eigene Berufung* einmal *einzuordnen*. Es ist auch gut zu sehen, daß es (wie bereits beschrieben) noch ganz andere Forderungen des Neuen Testaments gibt als jene, die wir als unsere Berufung leben und erkannt haben.

Grundvoraussetzungen für das Leben der Räte

Die Nachfolge Christi kann man in kein Klischee einspannen. Sie verlangt zwei Dinge:

Erstens eine *grundsätzliche Selbstverleugnung:* Das ist der Inhalt eines jeden Rates. Deshalb ist diese grundsätzliche Selbstverleugnung bei jedem irgendwie anders, entsprechend seiner ganz persönlichen Berufung. So kann sich z.B. ein Gottgeweihter, der wie alle anderen Ordenschristen diese drei Räte als Berufung lebt, noch zu einem vierten, fünften oder sechsten evangelischen Rat berufen fühlen – eben aufgrund einer ganz persönlichen Berufung. Das ist dann ein ganz individueller Aspekt dieser grundsätzlichen Selbstverleugnung.

Zweitens eine *vollkommene Bindung an den Herrn:* Ich stelle einen Wert zurück (grundsätzliche Selbstverleugnung) *um des Herrn willen.* Sonst ist es kein evangelischer Rat. Das muß geschehen um der Person Jesu Christi willen, um des *einen* Notwendigen willen. Es ist ein Zeugnis dafür, daß ich diesen Wert nicht brauche, um glücklich zu sein, denn mein Glück gründet in Jesus Christus. Das darf keine Theorie sein, sondern muß so ganz konkret zum Ausdruck kommen.

2. Unterscheidung der Räte im einzelnen

Verzicht auf tätige Vorsorge

Wir wollen einige Beispiele betrachten, wie sie uns im Neuen Testament wie auch in der Kirchengeschichte begegnen. Neben dem Verzicht auf Besitz, wie Jesus es vom reichen Jüngling oder von einzelnen anderen verlangt hat, tritt im Neuen Testament auch der *Verzicht auf Erwerb und tätgige Vorsorge.* Denken wir an „Herrn Raben" und „Frau Lilie" (vgl. Lk 12,22–31). Viele sagen da: Das ist eine schöne Spinnerei, aber so etwas ist nicht zu leben. Das ist doch nicht verantwortlich! – Ja, wenn ich es aus eigenem Wollen heraus machen würde: „Das mache *ich* jetzt", dann ist es nicht verantwortlich. Dann wird der Rabe auch zugrundegehen und die Lilie verblühen. Das ist nämlich nicht „machbar".

Aber das sind Berufungen, von denen ich heute überzeugt bin, daß sie zu jeder Zeit in der Kirche gelebt werden *müssen* zum Zeichen, daß das Reich Gottes bereits angebrochen ist. Die evangelischen Räte sind ein Ausdruck dafür, daß das Reich Gottes in den Herzen der Menschen anwesend ist und daß solche Berufungen lebbar sind. Sie *haben nichts mit Belastung zu tun!* Sie sind für den, der sie lebt, die ganze Fülle: Ich brauche dieses oder jenes nicht – es stößt mich geradezu ab, weil ich etwas viel Größeres habe. Den Verzicht auf Besitz z.B. haben wir mehr oder weniger in unserem Versprechen der Armut. Aber noch keiner von uns hat jemals Angst gehabt zu verhungern, weil er ohne Besitz ist. Denn den hat ja die Gemeinschaft, und das genügt mir! Aber total zu verzichten auf tätige Vorsorge, auf Erwerb, wirklich einmal „von der Hand in den Mund" zu leben, es darauf ankommen zu lassen, das ist schon etwas ganz anderes. Dazu gehört noch ein Stück mehr. Rein menschlich gesehen, verlangen diese verschiedenen Arten der Räte sehr viel. Aber für den, der dazu berufen ist, ist es keine Leistung, *keine Bedrückung, sondern Freiheit und Fülle.*

Früher habe ich gedacht, so etwas könne es nicht geben, denn jeder habe eben für das Notwendigste zu sorgen. Während meiner vierjährigen Tätigkeit als Kaplan in Augsburg machte ich allerdings eine interessante Erfahrung. Dort bauten wir eine neue Kirche. Neben unserer Kirche entdeckten wir einen großen Bauplatz und erkundigten uns, wer denn da baue. In unserem Stadtviertel waren damals viele Sekten mit ihren Oberhäuptern ansässig, und wir wollten gerne wissen, wer nun in unsere Nachbarschaft käme. Es handelte sich um ein christliches Hilfswerk, und ich lernte auch die Gründerin, eine tiefgläubige Frau, kennen. Sie war im 1. Weltkrieg kaum drei Wochen verheiratet, als ihr Mann an der Front fiel. So spürte sie, daß keine Berufung für die Ehe dazusein schien, wenn Gott ihren Mann nach so kurzer Zeit zu sich rief und bat im Gebet, Gott möge sie Seinen Willen erkennen lassen. In ihrer eigenen Not erkannte sie die große Not aufgrund des Krieges. Sie begann mit ein paar Freundinnen, verarmten Menschen in ihrer Stadt zu helfen. So gingen sie von Haus zu Haus und versorgten die bedürftigen Familien. Im Lauf der Zeit dachten sie, daß es gut wäre, eine Zentralstelle zu haben, wo für viele Menschen gleichzeitig gekocht und gewaschen werden könnte. Sie begannen, um ein solches Haus zu beten. Auf einmal war in Augsburg ein altes Stadthaus zu haben – mitten in der Stadt, aber um einen hohen Preis. Als arme Witwe hatte die Gründerin natürlich kein Geld, ging aber dorthin und stellte sich als Interessentin vor. Die Bedingung: Anzahlung von 2.000 Mark und im Lauf von zwei Jahren die restlichen 18.000 Mark. Sie unterschrieb den Vertrag und ging heim, ohne Geld zu haben und ohne zu wissen, wo es herkommen sollte. Aber sie sagte: „Ich habe innerlich gespürt, daß ich das tun durfte." Nach Hause zurückgekommen, erhielt sie einen Telefonanruf von einer Studienrätin, die von ihrem caritativen Hilfswerk gehört hatte: „Da brauchen Sie sicher auch Geld." – „Ja, das bräuchte ich unbedingt!" – „Ich habe 20.000 Mark gespart. Das können Sie haben. Es verliert ja sonst doch bald seinen ganzen Wert." Und so konnte dieses Haus gleich bezahlt werden. Im Lauf der Zeit kam noch – auf ähnliche Weise – das Nachbarhaus dazu. Es gibt also auch heute noch einen „Herrn Raben" und eine „Frau Lilie"!

Ich fragte sie dann: „Wer zahlt denn das, was sie hier bauen?" – Geplant war ein kleines Altersheim für 18 Leute, für ihre eigenen Leute, die alles in den Dienst der Armen investiert hatten und selber nichts mehr hatten: „Wissen Sie, das geht immer gleich. Das kommt schon...!" Es kostete 350.000 Mark. 50.000,– hatten sie schon. 300.000,– fehlten noch. Ich war wirklich gespannt und verfolgte den ganzen Werdegang: Sie bauten und bauten – und auf einmal war Einweihung. Auf meine Frage hin erfuhr ich, daß bis auf 50.000 Mark bereits alles bezahlt war: „Und die 50.000 kommen auch noch!" Da wurde mir ganz deutlich bewußt, daß sie das wirklich so tun durften. Ähnliches habe ich auch in der Nähe meiner Heimat erlebt, in einer katholischen Gemeinschaft, wo auch ein deutlicher Anruf da war. Diese Armut war auch da *nicht nur ein Probieren oder ein Riskieren, sondern eine echte, innere Berufung.* Es muß auch diesen Rat heute geben – zum Zeugnis für das Wort Gottes über den „Raben" und die „Lilie".

Daß wir nicht nur auf Besitz verzichten müssen, sondern daß es auch Glieder des Leibes Christi geben muß, die auf den großen Wert des Erwerbs und der Vorsorge verzichten, ist notwendig. Erwerb und tätige Vorsorge bilden heute einen ganz wichtigen Wert: den Wert der Arbeit. Die meisten Menschen leben heute von der Arbeit, d.h. vom regelmäßigen, leistungsgebundenen Erwerb. Auf ihn in unserer Zeit zu verzichten, das kann ein evangelischer Rat, ein Anruf Gottes sein. Menschlich gesehen ist das viel schwerer, als nur auf Besitz zu verzichten. Wir spüren aber auch, daß man einen evangelischen Rat, eine Berufung nicht willkürlich nachahmen darf. Ich muß *meine* Berufung leben und kann nicht die eines anderen nachmachen, nur weil sie mir interessant erscheint. Diese Gefahr liegt in der heutigen Zeit, besonders in der jungen Generation. Sie sehen etwas, es interessiert sie, dann gehen sie darauf los und wollen es „machen" – ohne zu fragen: Habe ich wirklich diese Berufung? Ist das mein Auftrag? Da muß man darauf achten, daß man die Menschen richtig führt.

Verzicht auf Heimat

Zum *Verzicht auf Frau, Mann, Familie* kann auch der *Verzicht auf das Vaterland,* auf das eigene Volk, auf die

Heimat treten. Wenn z.B. jemand die Berufung spürt, für ein ganzes Leben in die Mission zu gehen. Menschlich gesehen ist das nicht normal. Und nicht jeder Ordenschrist ist dazu berufen, die Heimat zu verlassen. Die Heimat ist ein großer Wert, den Gott uns gegeben hat. Das eigene Volk ist ein großer Wert. Die Heimat ist ein Abbild der ewigen Heimat – ein wunderbares Symbol... Wenn jemand darauf verzichten kann, so folgt er einem evangelischen Rat. Er kann das zurückstellen, wozu andere nicht fähig sind und was sie sich gar nicht vorstellen können. Ich denke da an einen Priester, der in die Mission geschickt wurde und nach ein paar Wochen vor lauter Heimweh ganz abgemagert war. Er hielt es dort nicht aus und mußte wieder zurück. Hier wird deutlich, daß das Leben nach einem evangelischen Rat nicht etwas ist, was jeder können muß, sondern eben mit dem konkreten Ruf zu tun hat. Wenn ich in einen Missionsorden eintrete, sollte ich allerdings diese Berufung haben. Ein evangelischer Rat kann *schon am Anfang meines Lebens* da sein. Er kann aber auch *im Lauf der Zeit erst geschenkt* werden, wenn ich ein bestimmtes Zeugnis geben soll.

Verzicht auf Ehre

Es gibt auch den *Verzicht auf den guten Ruf.* Wir kennen das aus dem Evangelium von Jesus selbst. Jeder weiß, was der gute Ruf bedeutet und welcher Wert das ist. Schon allein, wenn der gute Ruf in der eigenen Gemeinschaft ruiniert ist, und erst recht dann, wenn es nach außen geht. Das heißt aber nicht, daß ich nicht das Recht habe, meinen guten Ruf wiederherzustellen. Das hängt davon ab, ob es für mich ein evangelischer Rat ist, die Situation einfach so stehen zu lassen, oder ob ich mir mein Recht nehmen kann, meinen Ruf wiederherzustellen. Grundsätzlich habe ich ein Recht auf Wiederherstellung meines Rufes. Aber möglicherweise spüre ich ganz deutlich eine Berufung – wenn ich allein davon betroffen bin – als Anruf Gottes, auch auf diesen großen Wert des guten Rufes zu verzichten, um zu zeigen: Gott allein genügt mir. *Daß es wirklich ein Anruf ist, zeigt sich in der Frucht des Geistes, der inneren Freiheit,* mit der ich durch eine so schwierige Situation durchgehen kann. Machbar ist auch das nicht. Das führt normalerweise zu Verzweiflung. Wenn ich es hingegen als einen Anruf spüre, kann es mich in eine unwahrscheinliche Freiheit führen und zu einem großen Zeugnis werden vor der Welt, die sieht: Dieser Mensch geht nicht zugrunde, sondern er wird immer freier und froher. Es kann also der Anruf da sein, auf Wiedergutmachung von Ansehen und Ehre zu verzichten. Deshalb sagt Paulus: *Am Können erkennt man die Echtheit, nicht nur am Wollen* (vgl. Phil 2,13; Röm 16,25).

Verzicht auf Gemeinschaft

Denken wir an den großen Wert der Gemeinschaft. Jeder Mensch auf der Welt sucht Gemeinschaft, und der ganze Himmel besteht nur aus Gemeinschaft – das ist Endvollendung. Es kann aber auch Menschen geben, die *auf die Gemeinschaft verzichten* und als Einsiedler leben. Sie sollen in dieser Welt zeigen, daß die Gemeinschaft mit Gott genügt, um ein Leben lang glücklich zu sein. Wenn einer wirklich auf diesen Wert der Gemeinschaft verzichten kann, weil er berufen ist, ganz allein mit Gott zu leben, und wenn er dabei nicht verknöchert, sondern aufblüht in einer Freiheit und Tiefe, die zu einem großen Wert für andere werden kann, so kann das ein ganz großes Zeichen werden. *Wichtig bei allen evangelischen Räten ist die Echtheit.* Es muß wahrhaftig sein. Es muß wirklich eine

Berufung sein, daß für mich wirklich dort die Quelle der Kraft ist, wo für andere eine Quelle der Verzweiflung, der Not und des Leides liegt. Für den, der dazu berufen ist, ist es Ursprung der Kraft, des Lebens, der Freiheit. Aber das alles kann man nicht um einer Sache willen tun. Es geht hier immer um ganz personale Dinge. Ich kann so etwas nur tun *aus der personalen Beziehung zu Jesus Christus*, um Christi willen.

Verzicht auf Gesundheit

Ein anderes Beispiel ist der große Wert *der Gesundheit:* Wenn jemand den Ruf spürt, seine Gesundheit um Jesu willen Gott zurückzugeben – das ist menschlich nicht erklärbar. Es muß aber auch genau geprüft werden, ob es wirklich ein Ruf Gottes ist. Denn so etwas darf nicht der Verzweiflung oder einem ähnlichen Grund entspringen. Ich denke da an den Fall eines Kaplans in Wien 1968. Damals rang Papst Paul VI. sehr um eine Enzyklika. Der Kaplan wußte um dieses Ringen, um diese Not, und hatte den starken Impuls, Gott sein Leben anzubieten, damit der Papst sich richtig entscheide. Er sprach das mit seinem Beichtvater immer wieder durch, und als das innere Drängen nicht nachließ, sagte sein Beichtvater zu ihm, er dürfe sein Leben Gott anbieten, aber nur unter dem Aspekt: Wenn *Er* es will und der Impuls wirklich von Ihm kommt. Der Kaplan tat es, wurde daraufhin sofort krank und starb innerhalb von drei Tagen. Er starb mit einer unwahrscheinlichen Hingabe, ohne jeglichen Widerstand. Ich habe dieses Zeugnis nur gelesen und kann auch nicht hundertprozentig sagen, daß das vollkommen richtig war. Aber es war für mich ein Beispiel dafür, daß es im Reich Gottes möglich sein muß, daß Gott einen Menschen anruft, Ihm diesen höchsten Wert, das Leben, in die Hand zu geben.

Letztlich tun wir das alle, wenn wir unsere Hingabe vollziehen. Wir nehmen dann unseren Tod an, zu der Stunde, da Gott es bestimmt hat. Aber in dieser konkreten Weise kann man das nicht einfach spielen oder wollen. Das könnte sehr, sehr gefährlich sein. Aber so etwas ist möglich, und es zeigt diesen viel größeren Wert – nämlich die Person Jesu Christi. Daß so etwas geschehen kann – in voller Freiheit – ist ein Zeichen, daß der Himmel auf die Erde gekommen ist. Das ist das *Paradox des Christentums*. Allerdings muß es sehr genau geprüft werden. Doch ich bin überzeugt, daß es so etwas zu jeder Zeit geben muß, denn *die Kirche in ihrer Gesamtheit soll zu jeder Zeit den ganzen Verzicht auf alle Werte leben* zum Zeugnis, daß Gott allein genügt. Es wird also immer irgendwo auf der Welt verschiedene Glieder der Kirche geben, die die verschiedensten Formen der Berufungen leben. Die evangelischen Räte sind also eine Form der Verkündigung, daß das Reich Gottes schon da – und nicht erst im Kommen – ist. Jede Not entspricht immer dem Verlust eines Wertes. Immer wenn ich freiwillig einen bestimmten Wert zurückstelle, kann es sich um einen solchen Verzicht um des Himmelreiches willen handeln.

Verzicht auf Freiheit

Denken wir auch noch an die *Freiheit* – diesen großen Wert des Menschen. Wenn ein Mensch wirklich um Christi willen seine Freiheit hingeben kann, wenn er beispielsweise freiwillig ins Gefängnis geht – für Christus, so ist das auch nichts, was menschlich machbar ist. Die sowjetische Dissidentin Tatjana Goritschewa erzählte einmal von ihren Kollegen und Kolleginnen an der Universität, die neu zum Glauben gefunden hatten. Sie waren in ihrer neuen Begeisterung für Christus kaum zu bremsen und verkündeten öffentlich ihren Glauben mit einem großen inneren Drang, gefangengenommen zu werden, um so als Märtyrer für Christus sterben zu dürfen. Es ist ein leuchtendes Zeugnis für uns, daß es Menschen gibt, die Christus so tief erleben, daß sie bereit sind, für Ihn mit ihrem ganzen Leben vor ihrem Volk Zeugnis zu geben. Das sind alles evangelische Räte. Sind wir da nicht fast beschämt mit unseren drei Räten? Wenn man daran denkt, wie formalistisch wir sie manchmal leben – nicht aus dieser großen Liebe heraus, als Zeichen, daß Gott allein genügt? Das alles sollte uns animieren, wieder in unsere Berufung hineinzufinden zum Zeugnis für die Welt.

3. Kriterien der Berufung

Teilnahme am Lebensschicksal Jesu

Letzlich heißt dieses Leben nach den evangelischen Räten: *am Lebensschicksal Jesu teilnehmen*. Das Lebensschicksal Jesu war die ganze Hingabe an den Vater zum Zeugnis für den Vater. An Jesu Lebensschicksal teilnehmen heißt eben auch, bereit sein, den Tod auf sich zu nehmen. Mit „Tod" ist gemeint, daß bei jedem evangelischen Rat das Ich einen bestimmten Tod erleidet. Aber hier gilt das Wort: *„Wer sein Leben verliert, der gewinnt es"* (vgl. Mt 16,25)

Der Ruf Jesu kommt immer zuerst

Die Gleichnisse bei Lk 14,28–32 zeigen uns, daß es sich hier um eine übermenschliche Aufgabe handelt. Sie sind im sog. Reisebericht enthalten, wo Jesus mit Seinen Jüngern nach Jerusalem geht und ihnen – das Angesicht auf

Jerusalem gerichtet – den Weg der Nachfolge erklärt. Hier wird gesagt: *Wer solche Räte lebt, der muß sich zuerst hinsetzen und „ausrechnen", ob er es kann* – sonst lachen ihn nachher alle aus, wenn er sich wieder zurückzieht und sagt: Ich habe es nicht gekonnt. *In den evangelischen Räten geht es um etwas, was das Menschliche übersteigt, was man nicht „machen" kann.* Man muß sich wirklich überlegen: Habe ich diese Berufung – und „kann" ich es daher auch? Oder ist es etwas, was ich „machen" will. Dann kann ich es nicht. Das sagt Jesus: Man muß es überlegen. Auch bei denen, die nachfolgewillig sind, wird das – schon am Anfang dieses Reiseberichtes – deutlich (Lk 9,57–62). Jesus sagt zu dem, der Ihn um die Nachfolge bittet: „Du kannst es versuchen. Aber überlege dir: der Kopf auf Stroh, kein Nachtlager. Ich weiß nicht, wo ich heute abend bin... Aber wenn dir das nichts ausmacht, kannst du mitgehen." Es ist also für Jesus überhaupt nicht interessant, ob einer sagt: „ICH will dir folgen!" Für Ihn ist nur interessant, daß der kommt, zu dem ER sagt: „Folge du mir!" *Der Imperativ Jesu, die Berufung, muß vorausgehen.* Deshalb die Gleichnisse vom Turmbau und vom Kriegführen: Ich muß mich hinsetzen und zuerst einmal überlegen: *Habe ich überhaupt diesen Anruf vernommen?* Oder ist es nur eine momentane Begeisterung: „Ich will Dir folgen!" Sobald ich aber merke, welche Konsequenzen das mit sich bringt, dann ziehe ich mich wieder zurück.

Wenn man den Anruf aber erkennt, dann gibt es nur mehr ein Vorwärtsgehen – und kein Zurückschauen: „Wer die Hand an den Pflug legt und zurückschaut, ist meiner nicht wert" (Lk 9,62).

Wenn es einmal klar geworden ist, dann gehe ich ganz konsequent diesen Weg. Dann kann kommen, was will.

Dann gehört alles zu diesem Weg. Sicher ist das nicht immer ganz einfach. Aber wir müssen daran festhalten. Wer sich nie hingesetzt hat und sich klar geworden ist, was sein Weg ist, der wird, wenn Schwierigkeiten auftauchen, ganz unsicher und stellt alles in Frage. Aber mit solchen Menschen kann ich kein Haus abbrechen, geschweige denn eines aufbauen!

Mit dem Ruf kommt auch die Kraft

Der Ruf und die Kraft Gottes sind erforderlich. Beides gehört zusammen. *Den Ruf Gottes erkennt man an der Kraft.* Daß Gott mich ruft, erkenne ich daran, daß ich sehe, das ist mein Weg, daß ich spüren darf: Das ist mein Leben. Beide geben uns die Möglichkeit, in jeder Anfechtung durchzuhalten. In Mt 10,21 heißt es: „Denn nicht ihr seid es, die sprechen, sondern der Geist eures Vaters ist es, der in euch spricht, wenn sie euch vor Könige und Statthalter führen." – Er ist immer wieder der, der ruft und handelt, auch in diesen Räten. Das Wort Jesu an die Jünger: „Der Jünger steht nicht über dem Meister" (Mt 10,17) gilt nach der Auffassung des Neuen Testaments für alle Christen, denn alle sind in diesem Sinn der Nachfolge „Jünger". Diese Jünger trennen sich von den irdischen Gütern nicht deswegen, weil sie schlecht sind, sondern weil *jeder, je nach der Gnadengabe, die ihm geschenkt ist,* – und das ist von Fall zu Fall verschieden – zu diesem Verzicht aufgerufen wird. Deshalb ist Rigorismus, wo man etwas mit Gewalt machen möchte, genauso unangebracht wie bedingungslose Gleichmacherei: „Wir machen das alle! Wir alle leben das." Ich muß wohl konsequent sein in meiner Berufung. Aber ich kann nicht zu allen sagen: Wir machen jetzt alle konsequent das gleiche.

Selbstverleugnung ist nicht Leibfeindlichkeit

Leibfeindlichkeit ist den Räten vollkommen fremd. Das gilt insbesonders auch von der Ehelosigkeit. Wenn jemand die Ehelosigkeit wählt, weil er leibfeindlich ist, so ist das kein evangelischer Rat. Er zeigt damit nicht, daß er einen Wert zurückstellt um eines höheren Wertes willen. Es ist wichtig, daß wir uns immer wieder in unserem Leben klar machen, welche Werte wir in unserem Leben in den evangelischen Räten um Christi willen zurückgestellt haben. Es geht dabei nicht darum, mit Christus zu rechnen, sondern sich immer neu bewußt zu werden, daß die Liebe zum Herrn das Größte ist. – Oder aber auch ehrlich zu erkennen, daß diese Liebe nicht groß genug ist, um den Verzicht leben zu können. In diesem Fall wäre es an der Zeit, die innere Einstellung zu meiner Berufung zu überprüfen. Grundsätzliche Verachtung des Leiblichen, der Ehe, des Essens o.ä. hat nichts mit evangelischen Räten zu tun. Es geht dabei nicht um Verachtung irdischer Werte, sondern um deren Relativierung in bezug auf das Gottesreich. Das ist mit evangelischen Räten gemeint.

Den Augenblick leben

Deshalb schließt auch Selbstverleugnung eventuell das Martyrium nicht aus. Es kann auch einmal bedeuten, daß ein Mensch berufen ist, sein Leben für Gott zu geben. Es hat allerdings gar keinen Sinn, über solche Eventualitäten nachzusinnen und zu grübeln, ob ich das schaffen würde oder nicht. Man wird es *jetzt* sicher nicht schaffen. Denn jetzt ist es nicht gefordert. Und wenn es nicht gefordert ist, dann ist auch die Kraft dazu nicht da. Die Kraft wird dann gegeben, wenn es gefordert ist: Kraft und Ruf gehören zusammen! Indem wir uns zu sehr im voraus sorgen, geht viel an innerer Freude verloren, die Gott uns jetzt geben will. *Für das, was morgen sein wird, habe ich heute die Kraft noch nicht.* Deshalb habe ich ganz automatisch Angst vor morgen. Die Angst vor morgen zerstört aber die Freude im heute.

Daher führt echte evangelische Armut zur Freiheit. Das Leben nach den Räten bedeutet Leben im Augenblick: Ich nehme das an, was jetzt im Augenblick ist. Wenn wir im Augenblick leben, werden wir staunend bemerken, daß eine Freude mitleuchtet, auch wenn es manchmal hart ist. Und im nachhinein werden wir uns wundern und sagen: „Ich hätte nie gedacht, daß ich das jemals schaffen würde." *Denken wir also nie an etwas, was noch nicht gefordert ist.* Denn da es noch nicht gefordert ist, habe ich auch die Kraft dazu noch nicht und bekomme Angst. *Der Augenblick ist mein Leben.* Das Gestern oder das Morgen gehört mir nicht mehr oder noch nicht. Das ist nicht mein Leben.

Hingabe des Lebens

Alle Entsagungen um des Himmelreiches willen gipfeln in der Hingabe des Lebens – in irgendwelcher Form. „Jesus rief das Volk samt seinen Jüngern zu sich und sprach: Wenn einer mir nachfolgen will, so verleugne er sich selbst und nehme *sein* Kreuz auf sich und so folge er mir. Denn wer sein Leben retten will, der wird es verlieren, wer aber sein Leben meinetwegen und um des Evangeliums willen verliert, der wird es retten" (Mk 8,34–35). Auch hier wieder diese beiden Seiten: die Betonung der Berufung Gottes und des Dienstes für die Kirche. „Meinetwegen … und des Evangeliums wegen", das den Menschen verkündet wird. Immer dieser doppelte Aspekt, diese doppelte Betonung der Berufung. „Leben retten" meint die Werte, die ich festhalten will. Da, wo ich berufen bin, soll ich es loslassen: „Wer es gibt, der wird es gewinnen." Als ein erstes großes Beispiel steht im Neuen Testament das Blutzeugnis des *hl. Stephanus*, von dem es heißt: „Er war voll der Gnade und des Heiligen Geistes" (vgl. Apg 6,8). Er hat für die Bekehrung der Welt sehr Entscheidendes getan. Viele sagen, daß auch die Bekehrung des Paulus hier seine Wurzel hat – der ja bei seinem Tod dabei war. Sein Zeugnis, die Hingabe seines Lebens, hat stark aufgestrahlt und geleuchtet.

Persönliche Entscheidung

Die Form des vollkommenen Lebens nach dem Neuen Testament ist die Weise, wie Gott einen Menschen ganz persönlich anruft. *Jeder muß eine Entscheidung treffen:* eine ganz persönliche Entscheidung – je nach seiner Berufung – zwischen der Ordnung der Welt und der Ordnung Gottes, zwischen den Werten der Welt und den Werten des Himmelreiches. Deshalb leben heute in dieser Welt die einen als Ehelose, die anderen als Besitzlose, als Heimatlose, andere ohne Familie, wieder andere ertragen Verfolgung, Not, Gefahr, sogar den Tod. Das finden wir heute alles, überall auf der ganzen Welt. *Es muß uns einmal bewußt werden, wie durch all das die Kirche, das Reich Gottes aufstrahlt.*
Preisen wir die Gnade, die dahinter steht, daß Menschen es annehmen und verkraften können, bis zur letzten Hingabe ihr Bekenntnis für Christus abzulegen! Das ist eine Offenbarung des Reiches Gottes!
Freuen wir uns, zu dieser Kirche zu gehören und mitleuchten zu dürfen, auf unsere Weise, entsprechend unserer jeweiligen ganz persönlichen Berufung. Bemühen wir uns aber auch, daß unsere Berufung rein leuchtet, daß

wir nichts Verwaschenes leben. Lassen wir gerade im Westen, in dieser sogenannten „noch–einigermaßen–Freiheit", das, was wir als Berufung aufgetragen und geschenkt bekommen haben, auch wirklich leuchten, damit die Menschen beginnen, nach der Quelle zu fragen. Die Neue Zeit Gottes, das Neue Testament, kann das alles verlangen, und in ihr wird das alles zum Zeichen für die Welt, zum Zeichen vor Gott, weil die Kraft da ist, es im Menschen zu vollbringen. *Gott verlangt nichts, was wir nicht können.* Er gibt zuerst das Können: Ruf und Kraft sind identisch.

„Feuermeer der Gemeinschaft"

Aus dieser Erkenntnis haben sich im Laufe der Zeit gleichartig berufene Menschen zusammengefunden. Wir alle in den einzelnen *Ordensgemeinschaften* sind gleichartig berufene Menschen. Wir haben uns konkret zusammengefunden, weil wir uns zu dieser Gemeinschaft persönlich berufen fühlen, um mit unserer gemeinsamen Berufung Salz der Erde, Licht der Welt, Stadt auf dem Berg zu sein (Mt 5,13–14).

Es ist schon ein Unterschied, ob ein einzelner irgendwo nach den evangelischen Räten lebt, oder ob es eine große Gemeinschaft von 100 oder 1000 Menschen ist, die diese Räte miteinander leuchtend leben (und die sich nicht gegenseitig das Licht auslöschen durch Neid und Eifersucht...)! *Welch ein Feuermeer, wenn eine ganze Gemeinschaft diese Wirklichkeit lebt!* Es hat eine Bedeutung, daß wir in Gemeinschaften gerufen sind mit gleicher Berufung, um wirklich Stadt auf dem Berg zu sein – unübersehbar. Wir haben uns sehr schnell daran gewöhnt, einfach normal zu leben, vor Gott ein paar Pflichten zu erfüllen, aber wir sehen die wirkliche Sendung zu wenig.

Das Kommende zum Leuchten bringen

Entdecken wir wieder neu die Sendung der Ordenschristen in der heutigen Welt: das Kommende zum Leuchten zu bringen; die Menschen zuerst einmal abzustoßen: „Was sind das für verrückte Menschen, die so leben?" – Um sie dann aber doch wieder anzuziehen: „Aber interessant sind sie doch!" So steht es bereits in der Apostelgeschichte. Leben wir noch so, daß wir Menschen zuerst abstoßen? Daß sie sagen: „Was sind denn das für eigenartige Menschen?" Es wäre gut, wenn das die erste Reaktion wäre: „Wie kann man nur so leben? Ohne Frau, ohne Mann, arm – und dabei sind sie noch glücklich? Das ist doch unmöglich! Die müssen doch noch irgendetwas in ihrem Kloster haben, was wir noch nicht kennen!" *Die Welt wird das nicht verstehen.* Aber die Menschen werden dann neugierig und sie beginnen zu fragen, wenn wir unsere Berufung wirklich ganz rein und radikal leben. Wenn wir zuerst nicht abstoßen und erschrecken, werden wir auch nicht anziehen. Ist es heute nicht oft auch so, daß wir unsere Tore weit aufmachen und sagen: „Kommt, lebt mit uns. Ihr könnt alles haben, was ihr braucht. Hauptsache ist, daß wir wieder ein paar mehr haben..." Damit verlieren wir unser ganzes *geistiges Niveau* und bauen eine Gemeinschaft auf, die in sich nicht stimmt. Da wäre es besser, wenn eine Gemeinschaft ausstirbt und von vorn begonnen wird!

Nicht warten, bis die anderen anfangen

Ich muß aber nicht darauf warten, bis sich bei den anderen etwas ändert. Sondern wenn *ich* beginne, dann beginnt im ganzen Leib etwas zu leuchten. Das wird in die anderen Glieder immer mehr hineinstrahlen. So wird ein organischer Wachstumsprozeß beginnen.

Werden wir wirklich zur Stadt auf dem Berg, wo wir uns bewußt sind, daß wir als Gemeinschaft mit diesen Räten eine exemplarische und vorbildhafte Bedeutung haben – für alle Menschen, nicht nur für die Kirche, denn wir leben das Zukünftige! Es ist hilfreich, ausgehend von der Fülle der evangelischen Räte im Neuen Testament, die eigene Berufung als Auftrag noch tiefer zu sehen, um das Erkannte wirklich leben zu können.

DAS GESCHENK DES GEHORSAMS

Lasset uns beten:
Herr, wir danken Dir für den Gehorsam
als Geschenk Deiner Liebe.
Laß uns teilhaben an Deinem Wesen.
Laß unser ganzes Sein
sich auf den Vater im Himmel hin öffnen
und laß uns darin unsere ganze Erfüllung,
unser ganzes Glück finden,
so wie Du selbst es gefunden hast.

Mache uns immer mehr Deinem Wesen
ähnlich.
Gib uns die Fähigkeit, ganz zu hören, damit
wir lernen,
an der gemeinsamen Verantwortung
teilzunehmen.
Laß uns spüren, daß Anordnen
und Sich–Unterordnen
die gleichen Voraussetzungen verlangt:
den Geist der Brüderlichkeit und des Dienstes.
Gib, daß wir uns auf diesem Weg
gegenseitig helfen,
und so als konkrete Gemeinschaft auf
Dich hören.

Hilf uns, Deinen Heilswillen
in dieser Welt erfüllen zu können –
nicht nur zu unserem Heil,
sondern zum Heil all der Menschen,
für die wir diese Berufung leben
und die Du uns anvertraut hast.
Amen.

Frei gewählter Gehorsam

Für fast jeden Ordenschristen ist in irgendeinem Abschnitt seines Lebens der Bereich des Gehorsams nicht gerade das Leichteste. Was ist eigentlich der Sinn dieses Gehorsams? Es ist klar, daß da, wo eine *Gemeinschaft* ist, auch eine *Leitung* sein muß, damit alles zusammengehalten wird. Das ist aber eine natürliche Notwendigkeit. *Religiöser* Gehorsam geht noch ein Stück weiter. Er ist ein *frei gewählter Gehorsam*. Denn wir haben zur Gemeinschaft, zu der wir gehören, – und damit auch zu ihrer Autorität – freiwillig Ja gesagt. Es handelt sich somit um eine *freigewählte Autorität* und Hand in Hand damit auch um einen freigewählten Gehorsam.

Das Vollkommenere tun

Mir wurde erst relativ spät bewußt, worin der eigentliche Sinn des Gehorsams liegt. Es ist dies ein ganz tief geistlicher Sinn. Mir ging das eines Tages an Hand eines Gelübdes von Vinzenz Pallotti auf, ein Gelübde, das viele Heilige gemacht haben, nämlich *in jedem Augenblick das Vollkommenere zu tun*. Aber was ist dieses „Vollkommenere"? Woher weiß ich, was es ist? Oft kann man ja zwischen verschiedenen Dingen wählen und weiß nicht, was davon gerade das Richtigere, das Vollkommenere ist. In diesem Zusammenhang wurde mir das *Geschenk des religiösen Gehorsams* bewußt, jener freigewählten Autorität, die Gott anerkennt und bezüglich der Gott mir die Sicherheit gibt, daß dann, wenn ich im Gehorsam stehe, mein Tun das Vollkommenste und apostolisch Fruchtbarste ist. Damit wurde mir etwas, was ich eigentlich nie so ganz durchschaut hatte, plötzlich zu einem Geschenk. Religöser Gehorsam beruht also auf der Autorität des Hauses, die von Gott gegeben und von ihm her ihren Auftrag bekommt. Ihre Wahl erfolgt zwar von „unten", aber jede Wahl wird von „oben", d.h. vom Amt, von der apostolischen Vollmacht her, bestätigt; sei es nun vom Bischof oder direkt von Rom. Teresa v.A. nennt es das – von oben geschenkte – „Sakrament der Autorität". Wenn ich im Gehorsam zu meiner Autorität stehe und sie von mir nichts Gottwidriges verlangt, habe ich die *Garantie, daß ich das Vollkommenste tue.* Das war für mich eine tiefe, neue Erkenntnis. Seither ist mir der Gehorsam sehr viel wert geworden.

Leiten und sich leiten lassen

Zum Gehorsam gehören *zwei Seiten.* Einmal geht es um den Gehorsam im soeben beschriebenen Sinn: um den Gehorsam *von seiten des Gehorchenden.* Ich weiß, daß ich den Willen Gottes wirklich erfülle, wenn ich im Gehorsam stehe. Zunächst aber zur anderen Seite, zur *Seite der Autorität* bzw. Leitung. In gewisser Weise ist es leichter, bloß zu gehorchen – denn ich weiß damit sicher, daß ich im Willen Gottes stehe –, als als Autorität das Richtige anzuordnen. Woher weiß die Autorität, daß ihre Anweisungen auch wirklich objektiv der Wille Gottes sind? Das ist viel schwerer. Das Vatikanum befaßte sich in seinem Ordensdekret gerade mit dem Themenkreis des religiösen Gehorsams sehr intensiv, denn oft sagte die Autorität einfach von sich aus: „Das und das ist zu tun." Für mich persönlich – *subjektiv* gesehen – ist es der Wille Gottes, daß ich gehorche. Ob jedoch das Aufgetragene auch *objektiv* der Wille Gottes ist, das liegt in der Verantwortung der Autorität. Deshalb gibt es im Ordensdekret eine breite Erklärung über die Findung des Willens Gottes, nämlich darüber, daß die *Autorität und die Gemeinschaft im Zu-*

sammenspiel den Willen Gottes ergründen können. Die Autorität hat durch die Gemeinschaft die Hilfe in der Entscheidungsfindung. Die Gemeinschaft wiederum hat dadurch, daß die Autorität dahintersteht, die Garantie, daß Gott dies auch wirklich von ihr will. Es ist also ein *gegenseitiger Dienst*: ein Dienst der Gemeinschaft für die Autorität, im gemeinsamen Zusammenwirken den Willen Gottes zu erkennen; ein Dienst der Autorität, der Gemeinschaft die Garantie zu geben, daß sie im Willen Gottes steht.

Die Führung und Leitung einer Gemeinschaft, die Ausübung von Autorität, ist nicht nur wichtig für Ordensgemeinschaften, sondern auch für die verschiedensten, in neuerer Zeit sich bildenden *„Lebensgemeinschaften"* von Verheirateten und Ehelosen. In den neu entstandenen Lebensgemeinschaften spielt die Ausübung von Autorität eine große Rolle. Ich habe oft den Eindruck, daß manches in der Entwicklung dieser Gemeinschaften ungesund ist. Ihr Gehorsamsverständnis wird oft von nichtkatholischer Seite beeinflußt und so tritt an die Stelle eines echten religiösen Gehorsam etwas, was mehr einem Kasernengehorsam gleicht. Dort hat dann ein sog. „Hirte" – wir haben das früher mit „Seelenführer" bezeichnet – ein absolutes Recht über den anderen. Er ordnet einfach an, daß etwas so oder so zu machen ist. Diese Art von Autorität kann – auch wenn sie akzeptiert wird – zu einer sehr großen Last werden. Das ist eine Erfahrung, die wir im Ordenschristentum schon vor langer Zeit gemacht haben.

1. Das neue Menschenbild

Die Gnade baut auf der Natur auf

Der Bereich der religiösen Führung, der Ausübung religiöser Autorität, ist ein sehr wichtiger und entscheidender Bereich, über den das Vatikanum (Ordensdekret) ausführlich lehrt und informiert. Daher möchte ich zuerst über das Thema der Findung des Willens Gottes im Zusammenspiel von Autorität und Gemeinschaft sprechen. Wir wissen, daß Natur und Gnade immer zusammenwirken: die Gnade baut auf der Natur auf. Dasselbe gilt für den Gehorsamsbereich: Je vollkommener die Natur, umso brauchbarer ist sie für das Übernatürliche. Je vollkommener der Mensch wird, umso vollkommener kann auch der religiöse Gehorsam zur Geltung kommen. Deshalb spricht das Vatikanum zunächst vom neuen *Menschenbild* und in der Folge von einem neuen *Leitbild der religiösen Gemeinschaft,* das sich aus diesem Menschenbild ergibt. Auf einem guten Verständnis dieser beiden Maßstäbe beruht letztlich das Zusammenspiel von Autorität und Gemeinschaft, um den Willen Gottes zu finden. Ich möchte zunächst dieses „Natürliche" aufzeigen: das *neue Menschenbild.* Das Konzil hat sich das Selbstverständnis des heutigen Menschen zu eigen gemacht und seinen Aussagen zugrundegelegt: Ordensgemeinschaften und alle anderen geistlichen Gemeinschaften müssen den Menschen der Gegenwart ernst nehmen und in diesem neuen Verständnis die Ansatzpunkte für eine Erneuerung suchen. Die gesamte heutige Generation bringt dieses Menschenbild mit. Zu ihr gehören nicht nur die jungen Menschen. Selbst der Älteste unter uns wurde im Laufe seines Lebens davon geprägt und trägt dieses Menschenbild selber in sich. Welches sind nun die wesentlichen Elemente dieser neuen Perspektive?

Wachsendes Bewußtsein von der Würde des Menschen

Der Mensch – Mitte des Universums

Nicht nur „theoretisch", in der Meditation über sein Dasein, sondern vor allem ganz „praktisch", durch seine *wachsende Herrschaft über die Dinge der Welt,* wird dem Menschen der Gegenwart seine Würde mehr und mehr bewußt. Der Mensch beherrscht heute die Natur in einer Weise wie nie zuvor. Er beherrscht sie in einem solchen Ausmaß, daß man sogar sagen muß: Nicht alles, was er kann, darf er tun. Wenn wir nur daran denken, welches Ereignis es war, als die ersten Menschen den Mond betraten – und wie selbstverständlich diese „neuen" Dimensionen heute geworden sind! Wir müssen uns dessen bewußt werden, was – nicht nur in ein paar wenigen Raumfahrtspezialisten, sondern in uns allen – gewachsen ist. Der Mensch erlebt, daß ihm die Natur zum Baustoff geworden ist, aus dem er die menschliche Welt schafft. Es wird ihm die Aussage des Schöpfungsberichtes, daß er *Mitarbeiter am Schöpfungsplan Gottes* ist, immer bewußter: Er soll die Schöpfung Gottes mit Gott zusammen zur Vollendung führen; er ist die Krone der Schöpfung. Dieses Bewußtsein war früher viel mehr „Theorie" und erfaßte den Menschen nicht so unmittelbar wie heute. Doch ich erinnere mich noch, als man beim Besuch der ersten Menschen auf dem Mond in Ost und West – über die Barriere des Eisernen Vorhangs hinweg – plötzlich den einen

Satz hörte: „Wir sind auf dem Mond!" Wir – die Menschen. Es ging plötzlich nicht mehr darum, ob es sich um Amerikaner oder Russen handelte. Jeder identifizierte sich mit dem, was der Mensch erreicht hatte. Ich möchte anhand dieses Beispiels bewußt machen, was in jedem einzelnen von uns vor sich gegangen ist und wie all das begonnen hat, uns zu prägen: das Bewußtsein, daß der Mensch eine ihm eigene Würde hat. Er ist die Krone der Schöpfung. Gott hat ihm Seine Schöpfung anvertraut, und er darf sie vollenden. *Der Mensch erlebt sich als Mitte und Höhepunkt des Universums:* dort, wo der Mensch ist, befindet sich letzlich auch die Mitte des Universums.

Das macht uns selbstbewußter, das steigert das Wissen um unsere Würde. Auch wir aus der älteren Generation, die wir früher noch alles so hingenommen haben, wir werden spüren, daß wir vieles heute nicht mehr so unvoreingenommen akzeptieren würden – nicht aus Opposition, sondern weil es sich gegen die Würde des Menschen richtet. Uns Theologen wurde früher mitunter noch gesagt: „Wir brauchen Patres ohne Kopf..." Das soll kein Urteil sein, sondern ich möchte damit nur den großen Wandel in unserem Bewußtsein aufzeigen. „Ohne Kopf" zu leben bedeutet, etwas abzulehnen, was Gott uns für die Gemeinschaft gegeben hat, anstatt es in die Gemeinschaft einzubringen. Wir würden so etwas nicht mehr akzeptieren können, da uns der Verstand als Geschenk Gottes gegeben ist.

Das Bewußtsein des eigenen Wertes

Wenn wir an die westliche Welt denken, der wir angehören, so sehen wir, daß sie jemandem, der sich einbringt und engagiert, viele Chancen zum Aufbau seiner Existenz bietet. Wenn heute ein junger Mensch in ein Kloster eintritt, dann hat er im allgemeinen mehr als früher das *Bewußtsein, daß er sich verschenkt.* Diese Erfahrung gilt für alle. Auch die älteren Ordenschristen erleben bei der Erneuerung ihrer Profeß, daß sie Gott viel mehr zurückgeben als bei ihren ersten Gelübden. Durch die Erlebnisse, die uns die Würde unseres Menschseins immer tiefer verstehen lassen, spüren wir viel stärker den *Wert unserer eigenen Persönlichkeit* wie auch jene Werte, die unsere Umgebung uns bietet. Wir merken, was wir „draußen" alles „haben" könnten, welchen Einfluß wir geltend machen könnten usw. All das wird uns in unserer Zeit in besonderem Maß bewußt. Das sind Dinge, die uns am Anfang unseres Ordenslebens überhaupt nicht bewegten. Wenn ich heute meine Profeß erneuere, tue ich das noch viel bewußter: Zwar habe ich früher auch alles gegeben, aber jetzt wird von diesem „alles" manches für mich viel spürbarer.

Aus dem Bewußtsein der menschlichen Würde heraus wäre es für jeden von uns unerträglich, im Kloster nicht als *vollwertiger Mensch* angenommen zu sein. Beispielsweise dann, wenn die klösterliche Ordnung nur aus mißtrauischer Überwachung bestünde. Ein solcher Anspruch beruht nicht auf Eigenwilligkeit, sondern auf dem Glauben, daß Gott jeden einzelnen liebt und in bestimmter Weise für die Gemeinschaft einsetzen will. Wir erleben also in uns selber – und das muß jeder für sich erspüren – ein wachsendes Bewußtsein von der Würde des Menschen als Grundlage des neuen Menschenbildes. Aus dem Wissen um seine besondere Würde ist der Mensch umsomehr bereit, sich ganz in eine Gemeinschaft einzubringen, mit allem, was Gott ihm mitgegeben hat. Immer vorausgesetzt, daß er sich wirklich unter die Führung Gottes stellt und nicht aus reiner Willkür handelt.

Wachsendes Bewußtsein für die mitmenschliche Verantwortung

Das neue Gemeinschaftserlebnis

Wir erleben heute in der wirtschaftlichen und technischen Verflochtenheit eine *viel größere Abhängigkeit vom Mitmenschen* als früher. Daraus wächst ein Gemeinschaftserlebnis, das uns dazu drängt, das *Gefühl der Verantwortung füreinander* zu entfalten. Wenn ich an meine eigene Jugendzeit zurückdenke, so war da kein großes Mitverantwortungsempfinden füreinander vorhanden. Man war froh, wenn man selber über die Runden kam. Heute erleben wir aufgrund des enormen Wirtschaftswachstums der Nachkriegszeit die gegenseitige Verflochtenheit, besonders auch der Völker untereinander. Es ist geradezu eine Freude, das Verantwortungbewußtsein zu erleben, das die heutige Zeit in uns wachgerufen hat.

Nach den Aussagen des II. Vatikanums genügt es nicht mehr, für sich selbst sittlich korrekt zu handeln, sondern darüberhinaus muß heute jeder reife Christ auch die Sorge für den Mitmenschen in weltweitem Ausmaß in seine Überlegungen und Handlungen miteinbeziehen. Das wachsende Gemeinschaftsgefühl findet schließlich seinen Ausdruck in einem *neuen Selbstverständnis der Kirche*. Sie sieht sich nicht mehr wie in früheren Zeiten als eine geschlossene „Festung", die dazu bestimmt ist, sich von der Welt abzuschirmen, sondern sie will vielmehr, wie es das Vatikanum ausdrückt, *Keimzelle und Sakrament der Einheit für die Welt* sein. Angesichts dieses wachsenden Gemeinschaftsgefühls unter den Menschen versteht es auch der Mensch im Kloster kaum, daß sein Daseinszweck auf die eigene, individuelle Vervollkommnung allein ausgerichtet sein soll, so wie es der Gedanke ausdrückt: „Ich gehe ins Kloster, um heilig zu werden." Selbstverständlich gehört die eigene Heiligung auch heute noch zu jedem Christenleben. Aber es geht heute nicht mehr nur darum, „allein" heilig zu werden. Der Mensch weiß um seine Verpflichtungen und will auch mitmenschliche Verantwortung übernehmen.

Die Welt von innen her heiligen

Mir wurde dieser Zusammenhang gerade durch Personen nahegebracht, die ganz bewußt *um der Menschen willen* das Leben in der Abgeschlossenheit der Contemplatio auf sich nahmen, um ihre Berufung gerade für die Welt von heute zu leben. Ich denke besonders an zwei Mädchen, die in den Karmel eintraten mit der konkreten Absicht, für eine bestimmte Gruppe von Menschen ganz im Gebet vor Gott zu stehen. Der Mensch will nicht auf sich selbst zurückgeworfen werden. Er will nicht in der Absonderung, in einer gesicherten Distanz von der Welt leben, um nichts mehr mit ihr zu tun zu haben, sondern er will sich noch mehr auf diese Welt einlassen, um sie *von innen her zu heiligen.* – Ein schönes Wort, aber ein sehr gefährliches Wort. Denn „sich auf die Welt einlassen" wird oft falsch verstanden im Sinn von „ihr gleichförmig werden". Dann aber werden wir sie nicht von innen heiligen, sondern sie wird uns von innen unheilig machen. Das erleben wir ja zur Genüge. Es bedarf einer *geistlichen Gemeinschaft,* um in der Welt zu leben und sie von innen her zu heiligen. Denn dazu gehört auch, alles Unheilige auszuhalten – und das ist nicht leicht. Es geht also nicht um Absonderung, sondern darum, *miteinander* die Nachfolge zu leben, um die Heiligung der Welt von innen her zu bewirken. Gerade deshalb lassen wir uns auch auf sie ein. Dazu braucht es aber ein sehr starkes und profundes geistliches Leben, damit nicht der umgekehrte Prozeß in Gang kommt und die Welt uns in ihrem Sinn „heiligt". Diese Notwendigkeit, von der auch das Vatikanum spricht, kann sicher jeder aus eigener Erfahrung bestätigen.

Das Erlebnis der Freiheit

Verantwortete Selbst– und Weltgestaltung

Der heutige Mensch besitzt einen leidenschaftlichen Drang nach Freiheit. Schillebeeckx sagt einmal: „Er hat erfahren, daß Natur und Welt ihn nicht in unausweichliche Normen einzwängen, sondern daß sie ihm das Rohmaterial sind, dem er den menschlichen Sinn aufprägt". Es geht hier wiederum um eine Entfaltung des biblischen Wortes, daß der Mensch die Krone der Schöpfung ist, daß er mitwirkt an ihrer Vollendung und sie in seinem Sinn gestaltet. Daraus ist ein neuer *Wille zur Freiheit* lebendig geworden. Der „Wille zur Freiheit" darf nicht mit Willkür gleichgesetzt werden. Wenn wir heute das Wort „Freiheit" hören oder vom „Willen zur Freiheit" sprechen, klingt bei uns meistens schon eine Art Angst mit: Was wird daraus werden? Was wird werden, wenn jeder tut, was er will? Aber gerade das ist nicht Freiheit! Es ist bereits wieder ein Zwang, wenn ich – im negativen Sinn – mache, was ich will, und ich mich nur von meinen Eigenwilligkeiten und Begierden treiben lasse. Das ist Sklaverei, aber nicht Freiheit! Zur Freiheit gehört, daß ich die *Freiheit des anderen* voll und ganz respektiere, daß ich sogar bei mir einiges zurücknehme, um dem anderen die Freiheit zu lassen. Das ist wahre Freiheit. Dann wird menschliche Gemeinschaft möglich. Wo Freiheit mißbraucht wird, ist menschliche Gemeinschaft nicht möglich, wenn jeder nur Kaiser sein will und keiner mehr Knecht.

Konkretes Motiv dieses Drängens nach mehr Freiheit ist beim ernsthaften Menschen der Wille zu *bewußter und verantwortungsvoller Selbst– und Weltgestaltung* – auch in einer Gemeinschaft. Verantwortungsbewußte Freiheit wird niemals auf Kosten der anderen gehen. Sie wird nichts mit Eigenwilligkeit zu tun haben, sondern immer das Ganze im Auge haben. Sie wird von sich selbst Verzichte verlangen und nicht dem anderen Entbehrungen auferlegen. Das ist verantwortete Selbst– und Weltgestaltung aus innerer Freiheit heraus. Denn nur der freie Mensch kann sich zurücknehmen und um des anderen willen verzichten. Der Unfreie hingegen wird den anderen durch Machtausübung terrorisieren, sowohl geistig-spirituell als auch im äußeren materiellen Bereich.

Der Mensch wird sich heute aufgrund seines Freiheitsbewußtseins *nicht mehr leicht von uneinsichtigen Normen einengen* lassen. Ich denke da an eine Gemeinschaft, die im Zuge der Erneuerung durch das Konzil eine alte Regelung abschaffte, derzufolge die Schwestern von September bis März ihren Mantel zu tragen hatten, außerhalb dieser Zeit aber nicht. Das sind uneinsichtige Normen, von denen sich der Mensch heute nicht mehr bestimmen läßt. Denn er selbst kann darüber urteilen, was – bezogen auf das obige Beispiel – seiner Gesundheit zuträglich ist und was nicht. So gab es früher einfach gewisse Vorschriften, die aus der Unkenntnis des Menschen von damals notwendig waren, um ihm zu helfen und ihn zu schützen, was heute absolut uneinsichtig erscheint. Die oben genannte Regelung mag beispielsweise entstanden sein, um übertriebenem Bußgeist und unvernünftiger, gesundheitsschädigender Aszese entgegenzuwirken. Das ist freilich ein extremes Beispiel. Aber wir können so erspüren, in welche Richtung diese Aussagen gemeint sind.

Freiheit und religiöser Gehorsam

Das Konzil anerkennt und bejaht den individuellen Freiheitswillen des Menschen. Gemäß dem Vatikanum müssen die Menschen bei ihrem Tun ihr *eigenes Urteil und eine verantwortliche Freiheit* besitzen und davon Gebrauch machen. Deshalb soll dem Menschen ein möglichst weiter Freiheitsraum gewährt werden. Er darf nur eingeschränkt werden, soweit es notwendig ist, d.h. von der Notwendigkeit der *Gemeinschaft* im allgemeinen, von der „Gesellschaft" im weltlichen Sinn, oder eben auch in der religiösen Gemeinschaft. Die beschriebenen Grundsätze gelten in besonderer Weise für Ordensleute, von denen es heißt, daß sie diese Wirklichkeiten für die Welt modellhaft leben sollen. Im Ordensdekret des Vatikanums heißt es wörtlich: „Sie sollen den *Gehorsam in aktiver und verantwortlicher Weise* leisten," d.h. sie sollen mitplanen und mitverantworten. Ich möchte näher darauf eingehen, wie das vor sich geht und wie das vom Vatikanum her gesehen wird. Es geht dabei um die Mitverantwortung im Zusammenspiel von Autorität und Gemeinschaft, um gemeinsam das Richtige zu erkennen und zu finden. Der klösterliche Gehorsam darf also die Eigeninitiative nicht auslöschen und die Tatkraft nicht ersticken, sondern er soll sie fördern. Sein Ziel soll die *Festigung der Freiheit in der Nachfolge Christi* sein. Der Wert der Freiheit – zusammen mit dem Freiheitserlebnis des heutigen Menschen – läßt z.B. die gesetzliche Normierung des Lebens bis in die persönlichsten Bereiche nicht mehr zu. Es gab tatsächlich derartige Gesetze, die bis in die persönlichsten Bereiche des einzelnen hineinreichten. All das hatte seine Ursache und seinen Sinn. Wir können nicht darüber urteilen. Aber wir spüren, daß solche Regelungen die Gaben Gottes, die einem jeden für die Gemeinschaft geschenkt sind, behindern würden.

Freiheit für Eigeninitiative

Ich erinnere mich an ein Beispiel, wo es in einer Gemeinschaft der Köchin nicht erlaubt war, etwas einzukaufen. Das war der Autorität des Hauses vorbehalten. So wurden oft Dinge eingekauft, die die Küche nicht brauchte und Dinge, die sie gebraucht hätte, waren nicht da. Die Köchin mußte mit dem auskommen, was vorhanden war und konnte so ihr Können und ihr Wissen nicht einbringen. Genau darum geht es auch in den Aussagen des Vatikanums: daß *jeder in seinem Tätigkeitsbereich einen Freiheitsraum* braucht. Selbstverständlich soll das in Abstimmung mit den zuständigen Leuten und mit den Verantwortlichen geschehen. Es gehört somit zum Sinn und Ziel der Freiheit, daß der einzelne einen Freiheitsraum hat, in dem er sich mit allen Gaben, die Gott ihm zum Aufbau der Gemeinschaft gegeben hat, wirklich einbringen kann. Dadurch kann jeder auf ganz individuelle Weise eine große Bereicherung für das Gesamte werden. Umgekehrt bedarf es ebenso des Zusammenspiels aller, damit jeder lernt, sich gerade dort zu „beschneiden", wo er merkt, daß er den anderen nicht mehr dient, sondern eher schadet. Wir müssen auch ganz ehrlich einsehen, daß der Eigenwille sehr leicht durchbricht und wir die uns gewährte Freiheit allzuschnell mißbrauchen. Das muß man sich ab und zu auch von den anderen sagen lassen. Es gehört zur Freiheit, *sich von den anderen prüfen zu lassen*.

Wachsamkeit gegenüber falschen Lehren

Übertriebene Gehorsamsübungen zur Schulung von Selbstverleugnung und Abtötung können sicher nicht das Ideal für die Handhabung von Autorität sein. Eine solche Praxis läßt zu leicht die freie und frohe Initiative ersticken, die der Mensch heute sucht. Derartige Methoden zur Einübung des Gehorsams sind nur teilweise richtig. Man muß sich klar darüber sein, daß es keine christlichen, sondern ursprünglich heidnische Methoden waren, die aus der Gnosis kamen. Mit der Lehre der alten Philosophen, wie z.B. Aristoteles, wurden auch manch große heidnische Irrtümer übernommen, die in unsere konkreten Handlungen einflossen und zur Entwicklung *übertriebener Gehorsamsübungen* führten, wie beispielsweise der Auftrag, Stöcke zu begießen, die so dürr waren, daß sie bestimmt keine Blüte mehr tragen würden.

Von Alfonso Rodriguez S.J. wird dazu ein schönes Beispiel erzählt: Vater Abt befahl seinem Gärtner, der gerade Salat pflanzte, daß er im Gehorsam den Salat im nächsten Beet umgekehrt in den Boden setzen sollte. Darauf sagte der Bruder Gärtner – und das muß ein ganz kluger Mensch gewesen sein: „Vater Abt, das mache ich – wenn Sie mir versprechen, daß Sie dann nur den Salat essen, der wächst." Es ist absolut unchristlich, so etwas Unsinniges anzuordnen, weil der *Gehorsam dem Schöpfer gegenüber* verlangt, daß die Wurzeln in den Boden kommen. Der Gehorsam dem Schöpfer gegenüber kann nicht im Widerspruch mit dem „christlichen" Gehorsam stehen. Dieses Beispiel zeigt uns die *Gefahr der Vermischung von Heidentum und Christentum.* Auch heute sind wir in dieser Richtung – auf andere Art und Weise – in größter Gefahr: Ich denke an die Vermischung von Christentum und Wie-

dergeburtsglaube, wo das Heidnische, oft durch unver-
dächtige „neutrale" Methoden, in unser Denken und Handeln einfließt. Wir müssen heute genauso aufpassen wie
damals.

Zeichen wahrer Freiheit

Der christliche Gehorsam läßt es heute mehr denn je als
notwendig erscheinen, daß Ordensleute unter dem klö-
sterlichen Gehorsam Zeichen für die *recht verantwortete
Freiheit* setzen. Das ist für unsere Zeit von großer Bedeutung, weil ja die moderne Gesellschaft neue Formen des
Zwanges erfunden hat und die Achtung vor der persönlichen Entscheidung ganz wenig zählt. Betrachten wir z.B.
einen großen Betrieb. Was zählt dort schon die
persönliche Entscheidung des einzelnen, der darin nicht
mehr als ein Rädchen ist...? Und genau in dieser Zeit ist es
notwendig, daß wir Ordensleute ein echtes Zeichen ver-
antworteter Freiheit setzen. Daraus folgt aber auch die
Notwendigkeit, daß wir uns gegenseitig überprüfen, was
in unserem Verhalten „verantwortete Freiheit" und was
„Eigenwilligkeit" ist. Das Ziel besteht in einer Haltung, mit
der man sich in voller Freiheit einbringt, sich aber auch
um des Ganzen willen in voller Freiheit zurücknehmen
kann.

Die klösterliche Lebensordnung sollte deshalb direkte
Kontrastwirkung haben und die Achtung vor der Freiheit
um der persönlichen Entscheidung willen besonders betonen. Für die Ordensleute muß Gehorsam zu einem
Recht werden, an der gemeinsamen Verantwortung teilzunehmen, um sich in koordiniertem Zusammenspiel
und gegenseitiger Absprache der Gesamtaufgabe zu widmen. Die sachlich notwendige Ein– und Unterordnung
wird dadurch bestimmt nicht zu kurz kommen und muß

selbstverständlich auch ihre rechtliche Sicherung haben. Das ist gerade der Sinn unserer Ordensregeln.

Vielleicht spüren wir bei all diesen Worten ein leichtes Unbehagen. Man hat ein wenig Angst vor diesen Gedanken – und zwar berechtigt. Denn sie sind ein Ideal, genau richtig und durch und durch christlich – nämlich *den Menschen so ernst zu nehmen, wie auch Gott ihn ernst nimmt.*

Eine Gemeinschaft kann erst dann zu blühen beginnen, wenn Menschen wirklich rückhaltlos und radikal zu Gott hin aufbrechen und ihre Freiheit darin erleben, daß sie sie Gott zurückgeben, und wenn sie sich so um des anderen willen zurücknehmen können. Dazu gehört eine starke geistliche Kraft. Andernfalls wird es sich sehr schnell zu einem „Individualisten–Klub" entwickeln, wo jeder von Freiheit spricht, wo aber keiner sie dem anderen gönnt. Das ist ganz entscheidend: Dazu gehört ein echtes, geistliches Leben. Wir brauchen dazu Menschen, die aus einer *echten Verbundenheit mit Christus* leben, sich verschwenden und sich zurücknehmen können.

Wie wichtig wäre es für unsere Zeit, daß die Welt an uns erkennen darf, was verantwortungsbewußte Freiheit bedeutet, die Freiheit des Christenmenschen, *jene Freiheit, die selbst Gott nicht antastet* und die niemand antasten darf, die aber wirklich aus Verantwortung gelebt wird: wo ich der Diener aller – und nicht Herrscher über alle – bin. Das ist wahre Freiheit. Das ist die *Freiheit Jesu.* An Seiner Freiheit am Kreuz ist die ganze Macht des Hasses zum Stillstand gekommen; an ihm, der sich in Freiheit hat kreuzigen lassen, hat die Liebe ihre Kraft gezeigt. Das ist vollendete Freiheit.

Das Erlebnis des Schöpferischen

Der Mensch hat heute aber auch ein *gewandeltes Verhältnis zur Arbeit*. Nach dem bisherigen mehr statischen Weltbild galt die Schöpfung der Welt als abgeschlossen. Deshalb konnte auch der Arbeit nur eine *bewahrende, erhaltende Rolle* zuerkannt werden. Sie besaß hingegen keine schöpferische Funktion. Sie sollte den Lebensunterhalt sichern, das Aufbegehren des Fleisches bändigen und den Müßiggang unterdrücken. Wir kennen diese Ausdrücke. Das wird die Arbeit auch weiterhin mit sich bringen.

Aber das Vatikanum bringt wunderbare Aussagen über die Arbeit als schöpferisches Tun des Menschen. Arbeit ist nicht nur eine Gelegenheit zur Tugendübung, sondern wir haben das Selbstverständnis des *schöpferischen Menschen* entdeckt, der erlebt, daß die Welt noch nicht abgeschlossen ist, daß er ihre Entwicklung vorantreiben und sie der Vollendung entgegenführen muß. Die Welt wird also nicht einfach nur beschaulich angenommen, sondern schöpferisch verändert. In gewissen Grenzen kann sich der Mensch als „Schöpfer" seiner Welt fühlen. Christlich gesprochen heißt das, daß er am Schöpfungswerk Gottes mitarbeitet und als „Krone der Schöpfung" Gottes Werk in Seinem Auftrag weiterführt.

Dieses neue Verständnis der Arbeit hat auch Rückwirkung auf das Persönlichkeitsbewußtsein: Der Mensch erlebt nämlich, wie er im arbeitenden und gestaltenden Tun seine Würde verwirklicht und seine Persönlichkeit aufbaut. Das Vatikanum unterstreicht nachdrücklich diesen Aspekt der Arbeit und sagt: Die Arbeit soll zur Entwicklung der menschlichen Anlagen und zur *Entfaltung der Persönlichkeit* führen. Wir haben vielleicht selber schon erlebt, daß wir in verschiedenen Aufgabenbereichen, die wir vorher noch gar nicht kannten, ganz unerwartet bestimmte Fähigkeiten entdeckten. Ich erkenne meist erst *durch das Tun,* was Gott mir zur Verwaltung alles noch anvertraut hat. Dadurch kann sich auch meine Persönlichkeit entfalten und ich entdecke, was mir alles für den Aufbau der Kirche und für meine konkrete Gemeinschaft anvertraut ist. Die religiöse Gemeinschaft der Zukunft, die die schöpferische Kraft ihrer Mitglieder betont und ihr auch den notwendigen Spielraum gibt, wird viel *dynamischer* sein als die Gemeinschaft der Vergangenheit, in der die Initiative rechtlich allein beim Oberen lag. Der einzelne wird stärker zur persönlichen Entfaltung kommen zum Nutzen der Gemeinschaft.

2. Das neue Leitbild religiöser Gemeinschaft

Brüderliche Gemeinschaft

Aus dem Menschenbild des Vatikanums ergibt sich auch für die religiöse Gemeinschaft ein neues Leitbild. Dieses Leitbild nennt das Konzil (Ordensdekret) *„brüderliche Gemeinschaft".* Das frühere Leitbild der religiösen Gemeinschaft war die Familie. Dieses Leitbild aber erfaßt die Wirklichkeit nicht mehr voll. Denn in einer Familie gibt es einen Vater und eine Mutter, die bestimmen, während die Kinder unmündig sind und folgen müssen.

Ich erinnere mich noch, daß man früher das *Noviziat* aus diesem Grund den *„Kindergarten der Gesellschaft"* genannt hat, obwohl nach der Satzung nur erwachsene Menschen eintreten dürfen, die bereits die entsprechende

Reife dazu haben. Es kam mitunter vor, daß man als Ordenschrist noch mit 25 Jahren, wo die Altersgenossen bereits verantwortliche Stellen innehatten, wie ein unmün-
diges Kind behandelt wurde.

In solchen „brüderlichen Gemeinschaften" wird es ganz
entscheidend sein, daß nur Menschen aufgenommen
werden, die erwachsen genug und bereit sind, überhaupt
einen Bund mit Gott zu schließen. Von ihnen wird vom
ersten Augenblick an erwartet, daß sie sich ganz einbringen mit allem, was Gott ihnen zum Aufbau der gesamten
Gemeinschaft gegeben hat, daß sie nicht nur „Versorgte"
sind, sondern sofort lernen, Verantwortung mitzutragen.

Bei diesem Leitbild geht es um die Einfügung in aktiven
und verantwortlichen Gehorsam. Das Ordensdekret
mahnt die Ordensleute ausdrücklich, bei der Ausführung
von Aufgaben *nicht wie leblose Werkzeuge* zu handeln,
denn eine solche Haltung hat nichts mit verantwortlichem
Ordensleben zu tun. Wir sollen also nicht einfach nur aus-
führende Organe ohne eigenes Mitdenken sein, sondern,
so heißt es weiter: "...sie sollen vielmehr die eigene Ver-
standeskraft und Willenskraft einsetzen und die Gaben,
die ihnen Natur und Gnade verliehen haben, gebrauchen."

Freiwillige Unterordnung

„Die Oberen sollen ihre Untergebenen als Kinder Gottes
und in Achtung vor der menschlichen Person leiten und
deren *freiwillige Unterordnung* fördern." Diese freiwillige
Unterordnung kann am tiefsten dadurch gefördert werden, daß die Menschen spüren, wie der Obere selbst in
allen Situationen nach dem Willen Gottes sucht; vor allem
in den Gesprächen mit den Brüdern hört er, was Gott ihm

durch sie sagen will. Man gehorcht einem Menschen gern, von dem man spürt, daß er selber sucht, was der Wille Gottes ist. Weiter heißt es: „Die Oberen sollen die Untergebenen dahin führen, daß sie bei der Durchführung des ihnen Aufgetragenen und bei der Inangriffnahme neuer Aufgaben in *aktivem und verantwortlichem Gehorsam* mitarbeiten".

All diese Richtlinien haben weitreichende Konsequenzen, wenn man sie ernst nimmt. Sie lassen einen kleinlichen Gebrauch der Autorität oder unwürdige Formen der Abhängigkeit nicht mehr zu. Vielmehr legen sie einen *großzügigen Gebrauch der Autorität* nahe, der nicht vom Mißtrauen, sondern *vom Vertrauen geleitet* wird. Wir spüren bei diesen Begriffen, daß es da wirklich um Menschen gehen muß, die vor Gott reif geworden sind, die sich Ihm verantwortlich fühlen und ihre Freiheit nicht mißbrauchen. Wir werden es immer wieder erleben, wie wir sie mißbrauchen. Wichtig ist dann aber, daß wir es als Mißbrauch auch erkennen und als Sünde bekennen – ja, sogar vor der Gemeinschaft, wenn es zu ihrem Schaden war. Wir müssen die Freiheit haben, Mißbräuche zu erkennen, sie beim Namen zu nennen und zu bekennen.

Eines wird dabei klar: *Erneuerung ist nicht etwas Leichteres,* das von selber funktioniert. Im Gegenteil, dem einzelnen ganz persönlich Verantwortung zu geben heißt, daß es nicht mehr genügt, einfach in blindem „Gehorsam" zu tun, was einem gesagt wird. Es ist viel einfacher, ohne jede Verantwortung zu leben. Das aber geht heute nicht mehr. Das ist Ungehorsam, denn ich muß alle Kräfte der Natur und der Gnade gebrauchen, um das, was ich tue, vollkommen zu tun – mit Verantwortung. Das ist etwas ganz anderes, und das ist viel schwerer. *Erneuerung kostet mehr.*

Wahre Hingabe durch Mitverantwortung

Dieses neue Verständnis des mit–verantworteten Ordens-
gehorsams heißt aber z.B., daß der einzelne die Verantwortung hat, den Oberen in der Gemeinschaft zu benach-
richtigen, wenn er bemerkt, daß in seinem Tun scheinbar
etwas nicht gut läuft, und er spürt, daß es in der Intention
der Führung liegt, davon Kenntnis zu erhalten. Es sollte
dann gemeinsam darüber gesprochen und überlegt werden, wie vorzugehen ist. Sich ohne Verantwortung zu wissen, wenn etwas schief geht, nur weil man es eben „im
Gehorsam" getan hat, ist nicht mehr möglich. Das wäre
nicht Mitverantwortung, sondern Verantwortungslosig-
keit! *Mitverantwortung kostet mich ganz.* Da wird meine
ganze Hingabe gefordert! Die eigene Freiheit wahrzuneh-
men und sich als ganze Person einzubringen, ist weit
mehr als urteilen und aussetzen. Dazu gehört wahre Hingabe. Das ist sehr wichtig.

Es geht also um den aktiven und verantwortlichen Gehorsam bei der Inangriffnahme neuer Aufgaben. Das verlangt
die Beseitigung autoritärer Leitungsformen und ein ge-
meinsames Hören auf das, was Gott will. Es sollte nicht
mehr geschehen können, daß ohne Beratung im Kreise
der Mitbrüder oder der Mitschwestern Entschlüsse von
großer Tragweite gefällt werden. Vielmehr müssen, wie
es das Vatikanum vorgibt, echte und vielfältige Formen
für die *Mitwirkung aller Mitglieder* gesucht werden. Viel-
fach drücken es die neuen Satzungen in Form der sog.
Konferenzen oder Hausversammlungen aus. Aber es
sollte dabei nicht nur um die neue Form als solche gehen,
sondern die Gemeinschaft sollte wirklich vom Geist der
Mitverantwortung durchdrungen sein.

3. Die Erkenntnis des Willens Gottes

Das Ideal des dialogischen Gehorsams

Wir haben über die beiden *natürlichen Voraussetzungen* für den Gehorsam gesprochen: über das neue Menschenbild und das sich daraus ergebende Leitbild einer religiösen Gemeinschaft, das Leitbild einer brüderlichen Gemeinschaft. Es geht damit um einen echten *Gestaltwandel im religiösen Gehorsam,* um eine vollkommenere Form dieses Gehorsams. Im Grunde ist *jeder* Gehorsam Gott gegenüber ein *religiöser* Gehorsam. Prof Gustav Vogel SAC schreibt in einem seiner Bücher: „Findet der Mensch mit der Gnade Gottes den Beruf, den Gott ihm zugedacht hat, wird er glücklich sein." Dies ist eine Anerkennung der Stellung der eigenen Person innerhalb der Schöpfungsordnung. Das Eingehen auf sie ist Gehorsam dem Schöpfer gegenüber.

Die Bedeutung des Gehorsams in der Hl. Schrift

Letztlich wird *nur Gott* Gehorsam geleistet, einem Menschen hingegen nur insofern, als die Autorität Gottes hinter ihm steht. Das zeigen die *biblischen Quellen* sehr deutlich, wie auch das Beispiel Christi, der gekommen ist, den Willen des Vaters zu erfüllen. Schauen wir kurz in das Alte und in das Neue Testament: Das Hebräische kennt kein eigenes Wort für Gehorsam. Um die Gehorsamsidee auszudrücken, finden sich folgende Worte: auf jemanden hören; ihm antworten; das Aufgetragene tun. Wir können das auch an den wunderbaren Gestalten des *Alten Bundes* sehen: Als Gott dem Mose im brennenden Dornbusch begegnet, erteilt Er keinen Befehl, sondern es findet ein *Dialog* statt. Als Abraham bezüglich der Bestrafung von

Sodom und Gomorrha mit Gott rechnet und bis auf zehn Menschen „hinunterhandelt" (vgl. Gen 18,16ff), erleben wir auch das als einen Dialog: ein Hören, ein Antworten, ein Tun. Ebenso im *Neuen Testament,* beispielsweise in der Stunde der Verkündigung, wo Maria zurückfragt: „Was muß ich tun, damit das geschehen kann? Was ist meine Sache?" Und sie bekommt zur Antwort: „Du mußt gar nichts tun. Der Heilige Geist wird über dich kommen." Darauf spricht sie ihr Fiat (vgl. Lk 1,34–38).

Schon im *Alten Testament* wird also die Gehorsamsidee in dieser dialogischen Weise ausgedrückt. *Gehorsam ist die in einem Tun ausgedrückte Antwort des Menschen auf die vernommene Offenbarung Gottes.* Interessant ist, daß schon im Alten Testament das *Objekt* des Gehorsams *immer Jahwe* ist, der Seinen Willen auf verschiedene Weise kundtut: direkt, persönlich, wie z.B. Mose gegenüber oder auch indirekt durch Seine Knechte, durch die Propheten. Später wird „gehorchen" schließlich gleichbedeutend mit: „die Gebote beachten", „auf Jahwes Wegen wandeln". Die *Grundlage* des alttestamentlichen Gehorsams ist nicht so sehr die Oberherrschaft Gottes, was man vielleicht vermuten würde, sondern weit mehr das *Bundesverhältnis,* das Jahwe durch Seine heilsgeschichtliche Erwählungs– und Erlösungstat mit Israel eingegangen ist. Deshalb ist im Alten Testament das *Motiv* des Gehorsams nicht nur die Gottesfurcht, sondern zugleich die *Gottesliebe.* So kann bereits im Alten Testament „Gott gehorchen" mit „Gott lieben" identifiziert werden.

Im *neutestamentlichen* Sprachgebrauch finden wir neben dem Wort „gehorchen" Wendungen wie: „das Wort Gottes hören und bewahren", „den Willen des Vaters tun", „die Gebote halten". Der Gehorsam ist die Grundhaltung des Christen gegenüber Gott. Gerade in den synoptischen

Evangelien erscheint der Gehorsam als Bedingung für den Eintritt in das Himmelreich und als Fundament des christlichen Lebens. Er ist der Verzicht auf freie Selbstbestimmung und als solcher Voraussetzung für die Nachfolge. *Objekt* des Gehorsams im Neuen Testament ist ebenfalls der *Wille Gottes,* des Vaters, der durch die Gebote kundgetan ist, der aber auch hinter den Verfügungen der rechtmäßigen Autorität steht, solange sie nichts Gottwidriges verlangt. Hinzu kommt im Neuen Testament, daß Christus nicht nur dem Vater im Himmel gegenüber, sondern auch sich selbst gegenüber Gehorsam verlangt. Der Wille des Vaters realisiert und verwirklicht sich im Gehorsam gegenüber *Christus,* gegenüber Seinem Evangelium und gegenüber denen, die Seine Sendung fortsetzen. (vgl. Mt 18,15–18; Lk 10,16; 2 Kor 2,9; 1 Thess 5,12; 2 Thess 3,14; Hebr 13.17).

Das Vorbild Christi

Der biblische Gehorsam ist also ein *„dialogischer Gehorsam".* Sein Objekt ist immer Gott selbst. Der Gehorsam Christi selbst ist *Vorbild* jeden christlichen Gehorsams. Schauen wir deshalb noch auf die Person Jesu. Ziel des Gehorsams Jesu war es, den Willen des Vaters zu erfüllen, der das Heil aller Menschen will. Das Ziel unseres Gehorsams ist, so sagt das Vatikanum, daß wir die volle Hingabe unseres Willens als Opfer unserer selbst darbieten. Dadurch werden wir fester und sicherer mit dem göttlichen Heilswillen geeint. Das *Ziel* unseres Gehorsams entspricht also genau dem Ziel des Gehorsams Jesu: der *Wille des Vaters,* der das *Heil aller Menschen* will.

Nun kommt die entscheidende Frage: Wie erkennen wir den Heilswillen Gottes? Wir erfahren den Willen Gottes nicht unmittelbar, sondern *durch Zweitursachen,* z.B.

durch Situationen, durch Mitmenschen, durch Schrift-
worte, vor allem aber auch durch die kirchliche Autorität,
der Christus Seine Heilssendung übertragen hat. Diese
kirchlichen Autoritätsträger sind wiederum auf Zweitursachen angewiesen, um den Willen Gottes zu erkennen.
Deshalb ist die *Ausübung der kirchlichen Autorität keine
Herrschaft* über andere, *sondern ein Dienst* am anderen.

Das Wesen der Autorität

In der ursprünglichen Bedeutung des Wortes *„Autorität"*
ist bereits die Grundhaltung des Dienens ausgedrückt. Es
kommt vom lat. „auctoritas", was zurückgeht auf „augere"
mit der Bedeutung: „mehren", jemandem „Mehrer" sein,
d.h. jemandem etwas raten unter Übernahme einer gewissen Haftung für das Geratene – also nichts Unverbindli-
ches. „Auctoritas" war ursprünglich etwas, was der
Höhergestellte dem Untergeordneten nicht abforderte,
sondern gewährte. Selbstlosigkeit und Verantwortung
sind darin miteingeschlossen. Genau das meint auch
Jesus, wenn er sagt: *Der Erste ist der Letzte und der Diener aller* (Mk 9,35). Es geht um einen Dienst an der Gemeinschaft. Teresa v.A. drückt das mit dem Wort *„Sakrament der Autorität"* aus. Es ist eine Garantie für uns, daß
wir im Willen Gottes stehen, wenn wir im Gehorsam zur
Autorität handeln, vorausgesetzt, daß sie nichts Gottwidriges verlangt. Es ist ein großes Geschenk, wissen zu dürfen, daß ich sicher im Willen Gottes bin. *Wer im Gehorsam steht, weiß sicher, daß er den Willen Gottes erfüllt*
und das Vollkommenste tut, was die Liebe verlangt – und
damit tut er auch das Fruchbarste. Wenn uns das einmal
bewußt wird, werden wir diese Dinge viel tiefer sehen –
geistlich und nicht in irgendeiner rein innerweltlichen
Weise.

Deshalb besteht der *Weg zur Erkenntnis des Willens Gottes* für Obere und Mitbrüder oder Mitschwestern *im Dialog,* den uns das Konzil gelehrt hat. Papst Paul VI. hat in seiner ersten Enzyklika (Ecclesiam Suam) einige Seiten über diesen Dialog geschrieben. Sie sind der Schlüssel zu allen Dekreten des Vatikanums. Im Sprachgebrauch der Hl. Schrift haben wir schon gesehen, daß es sich beim religiösen Gehorsam um einen *dialogischen Gehorsam* handelt. Leider haben wir keine „Geschichte des Dialogs" in unseren Gemeinschaften, weil es ihn früher im Sinn von Paul VI. noch nicht gegeben hat. Daher ist es auch sehr schwer, die „Bekehrung zum Dialog" zu vollziehen. Manche Gehorsamskrisen der letzten 20 Jahre, also in der Zeit nach dem Vatikanum, haben ihre Wurzeln in der *Unfähigkeit zum Dialog* – und zwar auf allen Seiten. Die Autoritäten waren verunsichert und wußten nicht, wie weit sie überhaupt noch etwas verlangen durften. Die andere Seite stellte dagegen eigene Ansprüche. Aber das waren keine Dialoge, sondern bloße *Forderungen, die man gegeneinander ausspielte.* Erneuerung wird aber nur möglich sein, wenn echter Dialog in unseren Gemeinschaften gelebt und gelehrt wird.

Das Ziel des Dialogs – das Einswerden

Was meint nun dieses Wort: „Dialog"? – Dialog ist weder ein bloßes Gespräch noch eine Diskussion! Dialog bedeutet: *eins werden in der Wahrheit, die Gott ist.* Man hat in der Kirche viel von „Demokratisierung" gesprochen. Demokratie im politischen Sinn ist Gift für jede geistliche Gemeinschaft. *Die Mehrheit ist keine Garantie für die Wahrheit.* Im Geistlich–Spirituellen und in der Bibel haben wir etwas viel Besseres: die *Einheit.* Einheit ist eine Form der Unfehlbarkeit der Kirche. Die Kirche ist unfehlbar im Petrusamt. Die Kirche ist auch unfehlbar im Glauben aller Gläubigen. Wenn alle Gläubigen über längere Zeit hinweg dasselbe glauben, dann ist das unfehlbare Lehre der Kirche. Es geht auch in der Gehorsamsfrage um die Einheit des Glaubens. *In der Einheit finden wir die Garantie für die Wahrheit:* wenn der eine Geist in allen wirkt und wir dadurch zur Einheit der Erkenntnis kommen.

Dialog ist also Eins–werden in der Wahrheit, d.h. *eins werden im Wollen füreinander, in der Liebe.* Deshalb gehört es zum Wesen des Dialogs, gemeinsam an der Erforschung der Wahrheit zu arbeiten. Es geht nicht darum, daß ein paar kommen und sagen, wie es zu machen ist, sondern daß jeder das Seine einbringt. Jeder! Verlangt wird *aktiver Gehorsam.* Jeder ist aufgefordert, sich zu beteiligen, mitzudenken und mitzuwirken mit seiner Erkenntnis, aufgrund seiner eigenen Erfahrung und seiner inneren Impulse. All das soll er den anderen vorlegen, nicht aufzwingen(!). Am Beginn einer Zusammenkunft weiß also niemand, wer die Wahrheit am besten sagt. Es ist wichtig, daß jeder in dieser Gesinnung kommt. Wenn man lange über etwas nachgedacht hat, meint man oft, daß man das Richtige bereits hat, und kann sich kaum vorstellen, daß jemand anderer noch bessere Einsichten haben könnte. Es geht aber darum, den anderen mit großer Offenheit zu sagen, was einem selber bewußt geworden ist – als Hilfe, und trotzdem auf jeden einzelnen zu hören, ob er nicht doch etwas Besseres vorbringt. Wichtig sind also *Offenheit und Bereitschaft,* von der eigenen Meinung abzusehen, um den Willen des Vaters zu erkennen. Das geht nicht ohne ein gutes Maß an *Hochachtung und Ehrfurcht voreinander.* Denn sind wir nicht davon überzeugt, daß im anderen der lebendige Gott lebt?

Dieses Aufeinander–Hören muß man ständig neu lernen und üben. Wie oft überhören wir Dinge, nur weil wir erfüllt sind von unseren eigenen Gedanken? Wir hören gar nicht auf das, was der andere sagt, sondern blocken schon nach ein paar Sätzen ab und meinen, bereits zu wissen was er will. Aber woher wollen wir das wissen? Merken wir nicht auch oft am Schluß, daß wir etwas ganz anderes vermutet hätten als das, was der andere gesagt hat? Dialog bedeutet Eins–Sein im *Hören auf jeden, der anwesend ist;* Eins–Sein im Hören auf den Herrn in allen Gliedern Seines Leibes. Bei jedem muß ich fragen: „Herr, was willst Du mir durch dieses Urteil, durch jene Erfahrung, durch eine solche Überlegung sagen?" Diesen aktiven, verantwortlichen Gehorsam müssen wir praktizieren als Hilfe füreinander, wo jeder das Seine dazu beiträgt, damit wir miteinander den Willen Gottes finden und erkennen können.

Wenn jeder in dieser Haltung des Dienens zur Führung der Gemeinschaft beitragen könnte, welch wunderbare Gemeinschaft würde daraus wachsen! *Im Suchen nach dem Willen Gottes wird Gemeinschaft erlebbar.* Wenn dagegen ein jeder auf seinen Gedanken und Ideen besteht, werden von der Gemeinschaft nur isoliert herumliegende Knochen übrigbleiben, wie Ezechiel sie in seiner Vision beschreibt (vgl. Ez 37). Das ist kein Leib mehr, keine lebendige Gemeinschaft! Echte geistliche Gemeinschaft führt zu einem Verhalten, das aufbaut. Man möchte um die Erfahrungen der anderen wissen, um tatsächlich das Richtige zu erspüren und zu finden. Dann wird es keine Qual mehr sein, daß dieser oder jener auch noch etwas sagt, sondern alle wollen einander anhören. Woher soll denn eine Autorität heute bei dieser Unmenge von Wissensgebieten rund um das Leben einer religiösen Gemeinschaft von sich aus immer das Richtige wissen? Das ist für einen einzelnen Menschen unmöglich. Die Autorität hat daher eine Gemeinschaft zu koordinieren, indem sie das Vorhandene sammelt, um daraus zusammen mit den anderen im Hören aufeinander das Richtige herauszuspüren. – Das ist Dialog.

Dialog als Form der Aszese

Im echten Dialog steckt viel Aszese, wenn wir auf der Suche nach der Wahrheit lebendig und liebend miteinander verbunden sein wollen. Wir kommen im Dialog nicht zusammen, um die eigenen Ideen zu verteidigen, sondern um gemeinsam das Richtige zu finden. Wenn nun der Gesprächsbeitrag eines anderen besser ist als mein eigener, warum freue ich mich dann nicht, daß ich durch den anderen bereichert worden bin? Spüren wir da nicht das Egoistische in uns? Daran erkennen wir, wie sehr das Hören aufeinander Aszese bedeutet. Wir sehen auch, daß Dialog *keine Diskussion* ist. Ich möchte sogar sagen: der Dialog unterscheidet sich von der Diskussion wie der Krieg vom Frieden! Im Krieg ringt man sich gegenseitig nieder, und wer unter den Tisch fällt, hat verloren. Der hingegen, der auf dem Tisch bleibt, hat gewonnen. Das ist Diskussion. Im Dialog bleibt man im Frieden miteinander. Man arbeitet zusammen und braucht keine Waffen. Jeder ist dem anderen Hilfe. Das aber will gelernt sein, denn wir sind alle begrenzte Menschen. Schon allein daran sieht man, daß wir den anderen brauchen, um nicht an unseren Grenzen stehenbleiben zu müssen. Jeder *muß* helfen – und jeder muß sich helfen lassen. Manchmal ist es ein größeres Zeichen von Liebe, etwas vom anderen *anzunehmen,* als ihm etwas zu schenken.

An der *Fähigkeit oder Unfähigkeit zum Dialog* erkennen

wir die wirkliche Aszese eines Menschen, seine wirkliche
Fähigkeit zum Verzicht. Es ist heute sicher schwer, diesen
Dialog zu führen. Eine schwierige Situation wird nicht dadurch bereinigt, daß wir einen Verantwortlichen bestimmen, der sagen soll, was zu tun ist, und die anderen das
bereitwillig machen. Wie soll er, alleingelassen von den
anderen, den Willen Gottes erkennen? Den „Untergebenen" kostet es nichts, im Gehorsam zu tun, was sie gesagt
bekommen. Beim Finden des Willens Gottes aber braucht
es das *Zusammenwirken* der gesamten Gemeinschaft.
Das ist es auch, was das Vatikanum so eindringlich und
breit aufzeigt: das *gemeinsame Finden des Willens Gottes*
im Dialog, im Hören aufeinander.
Welche Qualitäten müssen nun Autorität und Gemeinschaft haben?

Allgemeine Anforderungen an
Autorität und Gemeinschaft

Vermeidung von Willkür

Vor uns steht nicht ein menschlicher Oberer, der über unseren Willen verfügt, sondern es stehen Obere *und* Mitbrüder oder Mitschwestern *gemeinsam* vor Gott, um nach
seinem Willen zu streben, den sie miteinander im Hören
aufeinander zu erkennen versuchen. Der Gehorsam wird
also einem Menschen gegenüber geleistet mit dem Ziel,
sich inniger mit dem Heilswillen Christi zu vereinigen.
Aus den Vorgaben des Vatikanums ergibt sich, daß *Willkür weder bei der Autorität noch beim Gehorchenden*
Platz hat. In der Ausübung der Autorität und im Gehorsam
sind der *Geist der Demut und Brüderlichkeit* Voraussetzungen, so sagt das Ordensdekret.

Verantwortungsbewußte Freiheit

Gehorsam und Autorität dürfen die *Freiheit* nicht einmauern. Der einzelne soll alle Gaben, die ihm Natur und Gnade gegeben haben, in der Ausübung der ihm übertragenen Aufgaben einsetzen und ausnutzen können. Das verlangt von jedem ein *Interesse am Ganzen* und Verantwortung für alles. Ich muß mich also auch für die Bereiche meines Mitbruders, meiner Mitschwester interessieren, um ihm auch in seinem Bereich eventuell helfen zu können, das Richtige zu finden – soweit es mir eben möglich ist. Es geht um echte Mitverantwortung, die im Dialog zum Ausdruck kommt, wo ich meine Überlegungen, meine Impulse, meine Einfälle einbringe. All das muß ich vorher auch *vor Gott* erwägen. Ich kann nicht willkürlich Dinge vorbringen, wie es mir eben gerade paßt. Ich muß meinen Beitrag vor der Gemeinschaft und vor Gott wirklich verantworten. Es ist z.B. Ungehorsam gegen das Lehramt der Kirche, dort zu schweigen, wo eigene Erfahrung und begründete Bedenken einem mir anvertrauten Auftrag entgegenstehen! Das ist kein aszetisches Schweigen, das ist Ungehorsam. Ich muß der Autorität helfen, das Richtige zu finden. Ich kann nicht einfach aszetisch schweigen, wo eine Sache gleich richtig angefaßt werden könnte. Alles den Oberen überlassen, weil ich zu bequem bin, mir eigene, begründete Gedanken zu machen, ist unverantwortlich.

Ich muß auch selber *aktiv mitwirken, daß richtige Entscheidungen zustande kommen.* Wenn ich eine Aufgabe übernehme, bin ich gegenüber der Gemeinschaft auch voll dafür verantwortlich. Wenn ich merke, daß es nicht gut geht, muß ich sofort mit der Leitung sprechen und sie aufmerksam machen, daß die Sache in eine falsche Richtung zu laufen scheint, um sie dann miteinander.zu prüfen. Das ist meine Verantwortung! Es liegt nicht in der Intention von Autorität, daß jemand etwas nur macht, weil es ihm gesagt worden ist – obwohl es ganz anders läuft als es sollte. Das ist kein Gehorsam mehr. Hier muß ich rückmelden und aufmerksam machen. Wenn die anderen trotzdem – aufgrund ihrer größeren Erfahrung z.B. – eine bestimmte Vorgangsweise für richtig halten, kann ich es ja noch einmal versuchen. Aber keinesfalls darf ich meine Verantwortung auf jene abschieben, die mir den Auftrag gegeben haben. Aktiver Gehorsam setzt also ganz stark dieses selbständige Menschenbild voraus.

Kein Freibrief für Bequemlichkeit und Laune

Christlicher Gehorsam ist auch *kein Zugeständnis an die Bequemlichkeit und Laune* des Menschen. Es kann nicht ein jeder tun, was er will. Im Gegenteil: der einzelne ist noch viel mehr in die Pflicht genommen, sodaß der Gehorsam auch radikal werden kann. Es kann sein, daß ich mich trotzdem nach der gegenteiligen Überzeugung und Erfahrung der anderen richten muß, die sich von der meinen unterscheidet. In diesem Sinn muß ich mich mitunter auch auf ein „blindes" Tun einlassen, aber geführt von dem, was die anderen mir sagen. Es geht also nicht darum, immer nur das zu tun, was ich einsehen kann, sondern im Dialog durch die Hilfe der anderen zu erspüren, daß auch dieses oder jenes eine gute Richtung sein könnte, obwohl ich das noch nicht vollkommen verstehen kann. Dieser Gehorsam wird genauso radikal sein, aber er ist *getragen durch den Glauben aller* und durch das Miteinander.

Ich erinnere mich immer noch an folgendes Beispiel, wo

ein junger Theologe dem Provinzial sagte, er wolle in die Mission gehen. Das war gut und recht, weil auch gerade jemand gebraucht wurde. Nach der Priesterweihe teilte ihm der Provinzial brieflich mit, zu welcher Zeit er übersiedeln könnte, da alles soweit vorbereitet sei. Kurz darauf kam ein Brief des Neupriesters, in dem er schrieb, daß er jetzt keine Lust mehr hätte und nicht mehr gehen wollte. Das ist ein Paradebeispiel, wie man Gehorsam egoistisch ausdeuten kann. Um Lust und Laune geht es hier überhaupt nicht. Es geht nach dem, was ich als das Richtige erkenne, auch wenn es mir überhaupt nicht paßt. Wir werden sehr oft erleben, daß wir Dinge und Gedanken einbringen müssen, die uns überhaupt nicht passen und die uns ganz unbequem sind. Aber wir spüren trotzdem, daß es so richtig ist und die gegebene Situation gerade das von mir verlangt.

Manchmal spürt man ganz genau: Unser Haus, unsere Gemeinschaft, müßte – entsprechend dem Ziel ihrer Tätigkeit und der Notwendigkeit der Umgebung – dieses oder jenes anpacken. Aber man traut es sich fast nicht zu sagen, weil man sofort mit der Antwort rechnet: „Also tu es!" Und ich habe Angst davor, es wirklich tun zu müssen. Wenn ich aber genau spüre, daß es wichtig und notwendig wäre, darf ich dem nicht ausweichen. Oft schweigt man in solchen Fällen lieber „aszetisch". Aber ich muß auch Dinge sagen, die möglicherweise auf mich zurückfallen werden, weil kein anderer da ist, der das machen könnte. Da geht es, wie gesagt, nicht mehr um Lust und Laune, sondern darum, was ich vor Gott verantworten kann.

Kein Kritisieren hintenherum

Im Klima gemeinsamen Suchens nach dem Willen Gottes werden sich sowohl diejenigen, welche Autorität ausüben, als auch die übrige Gemeinschaft, bisweilen ein offenes Wort sagen. Aber es wird *keinen Platz für müßiges und feiges Kritisieren* hinten herum geben. Das ist eine beschämende Haltung, wenn man jederzeit offen und ehrlich miteinander reden kann. Ungeordnetes Herumkritisieren zerstört die Gemeinschaft und hat seinen Grund in irgendeiner Verletzung oder Unordnung des eigenen Herzens. Immer wieder werden wir bei uns selbst plötzlich solche Dinge erkennen – davor wird keiner gefeit sein. Aber wir sollten uns klar sein, daß das ein Symptom für eine Unordnung im eigenen Herzen ist.

Spezielle Anforderungen an die Autorität

Was verlangt das Finden des Willens Gottes im dialogischen religiösen Gehorsam und seinem Zusammenspiel von Autorität und Gemeinschaft von der Leitung einer Gemeinschaft? Was verlangt es von denen, die ein Amt innehaben, die Autorität ausüben?

Dienst der brüderlichen Liebe

Im Ordensdekret heißt es: „Die Oberen sollen als Stellvertreter Gottes *Gott so vergegenwärtigen, daß sie ganz Platz machen für ihn.*" Schon dieser Satz allein ist eine Überforderung für einen Menschen. Bedenken wir, was das bedeutet: Sie sollen die Liebe, mit der Gott die anderen liebt, zum Ausdruck bringen; sie sind Stellvertreter

Gottes und Zeugen der Unterordnung und des Dienstes. Hier kommt wieder der Begriff vom Wesen der Autorität zum tragen: *Dienst an der Gemeinschaft.* Da spürt man, daß Autorität nicht etwas ist, was man einfach können muß, sondern daß man sich den Charakter Jesu aneignen und sich darum mühen muß, mit dieser Gabe zu dienen. Autorität hat nichts mit Diktatur zu tun, sondern ist ein *Geschenk Gottes,* das mir, als Liebendem, die Garantie gibt, daß ich ganz im Willen Gottes stehe. Etwas Schöneres kann es doch gar nicht geben, denn da wird Autorität zu einem wirklichen Geschenk, das mir wertvoll ist und keine Last darstellt. Wenn man so miteinander lebt, wie es das Vatikanum sagt, dann entsteht Gemeinschaft, dann wächst der Leib Christi.

Unterscheidung zwischen Eigenwillen und Gottes Willen

Der Obere, der Gehorsam verlangt oder verlangen muß, hat einem anderen, der ein Glaubender ist, den *Willen Gottes* kundzutun. Er muß sehr genau unterscheiden zwischen seinem Eigenwillen, seinen Eigenvorstellungen und dem Willen Gottes und sorgfältig nach diesem suchen. Er muß sich auch der *Verantwortung* bewußt sein, die er auf sich lädt, wenn er einen anderen gehorchen läßt. Das ist gar nicht so einfach. Der Gehorchende hat es insofern viel leichter, weil er weiß, daß er im Willen Gottes steht, wenn er tut, was die Autorität ihm sagt. Für denjenigen, der den Weg zu zeigen hat, ist es viel schwerer, wirklich objektiv zu dem hinzuführen, was Gott will, ohne die Pläne Gottes zu behindern oder hinauszuzögern. Es besteht aber kein Grund zur Angst, solange man ehrlich versucht, miteinander auf den Herrn zu hören. Wenn ein Oberer gelehrig auf die Gemeinschaft und die

Zeichen der Zeit horchen will, dann darf sein Schlußurteil nicht durch irgendwelche *Lieblingsideen oder persönliche Gewohnheiten* beeinträchtigt werden. Er muß seine Motive intensiv durchleuchten. Jeder weiß von sich, wie schwer man von bestimmten persönlichen Vorlieben abgeht. Ich selbst habe das oft erlebt, wenn junge Menschen mich gefragt haben, ob man dieses oder jenes nicht anders machen könnte. Wie schwer fiel es mir oft, innerlich umzustellen, obwohl ich merkte, daß die abweichende Idee *genauso berechtigt und gleichwertig* war und daß man es genauso auf eine neue Weise machen konnte. Aber meine Gewohnheiten bedeuteten mir so viel, daß es mich immer eine Überwindung kostete, etwas „anders herum" zu sehen. Nachher merkte ich, daß es tatsächlich auch anders funktionierte. Das bedeutet ein manchmal schmerzhaftes *von sich Weggehen.*

Amt ist nicht „Alleinherrschaft"

Obere sind *nicht kraft ihres Amtes die Gescheiteren,* Klügeren, sittlich Gefestigteren, Weitblickenderen oder Erfahreneren. – Das sagt die große Teresa v. A. Oft aber zwingt man das Amt in diese Rolle. So war es früher: der „Abbas" war der Wissende. Die anderen hingegen wußten nicht, was vorging, weil sie oft gar nicht die Möglichkeit dazu hatten. Der Abbas mußte sein Wissen, seine Erkenntnis, nur als Hilfe mitteilen. Heute ist das durch die allgemeine Ausbildung aller Menschen wirklich anders, sodaß jetzt alle mit eigenem Verstehen Entscheidungen mittragen können. Der Autorität fällt es zu, das *Gespür* zu haben, wie sie die Gaben und Fähigkeiten und all das, was Gott benutzt, um uns die Wahrheit zu sagen, in den anderen entdeckt und fördert.

Schule der Demut

Je *demütiger* ein Oberer nach der Erkenntnis des Willens Gottes strebt, umso lieber wird man ihm gehorchen. Je mehr man spürt, wie er selber sucht, um nur das zu tun, was er von Gott her erkannt hat, umso mehr wird er auch den Geist der Mitverantwortung fördern. Auf einen solchen Menschen hört man gerne. Man geht vielleicht selber zu ihm mit der Bitte, miteinander zu beten, um zu erspüren, was im gegebenen Augenblick das Richtige ist. Es wird zu einem inneren Bedürfnis, daß derjenige, der für mich Autorität ausübt, weiß, was ich tue und damit einverstanden ist, um mir so die Gewißheit zu schenken, daß ich den Willen Gottes erfülle. Mir war das ein großes Anliegen, und ich habe diese Hilfe konkret in Anspruch genommen. Ich habe meinem ehemaligen Rektor wirklich alles gesagt, weil ich wollte, daß er dahinter steht – und zwar wirklich ganz. So war ich mir sicher, daß ich mit meinem Handeln im Willen Gottes stand. Das war für mich ein Geschenk. Hier spürt man, was Teresa v. A. mit dem „Sakrament der Autorität" meint. Es ist wirklich ein Sakrament: ein Geheimnis, ein Geschenk Gottes, durch das er mich wissen läßt, daß ich ganz in seinem Willen stehe. Damit tue ich dann auch das Vollkommenste und apostolisch Fruchtbarste.

Für den, der auf irgendeine Weise eine Leitungsfunktion innehat, gilt: Verständnislosigkeit, schwere Enttäuschungen, Verlassenheit jeder Art. – Das sind die Kreuze, die derjenige geduldig tragen muß, der in der Kirche die Autorität ausübt. Er muß diese *Schule der Demut* annehmen. Zu Beginn eines solchen Amtes meint man ja immer: Ich versuche, es ganz richtig zu machen. Ich möchte es jedem recht machen. Plötzlich muß man feststellen, daß die anderen mit einem überhaupt nicht einverstanden sind. Daher sind diese Grundsätze wichtig. Es geht hier nicht um eine Ausrede für mangelnde persönliche Fähigkeiten, sondern es kommt einfach des öfteren zu Spannungen. Manchmal muß man auch fähig sein, allein mit Gott leben zu können und diese Dinge vor Ihn zu tragen – zum Nutzen der Gemeinschaft. Der Dialog zwischen Autorität und Gemeinschaft setzt einen ständigen gegenseitigen, freien und offenen Austausch voraus. Manches offene Gespräch wird mitunter auch danebengehen, aber das soll uns nicht daran hindern, nachher wieder neu zu beginnen.

Leitung ist keine Überbeanspruchung menschlicher Möglichkeiten, wo nicht ein Mensch allein wissen soll, was Gottes Wille ist, sondern wo im Zusammenspiel von Gemeinschaft und Autorität der Wille Gottes miteinander erkannt wird. So ist das ein gegenseitiges Helfen, ein gegenseitiger Dienst: Die Gemeinschaft hilft der Autorität, den Willen Gottes zu erkennen. Die Autorität wiederum gibt der Gemeinschaft die Garantie, daß sie im Willen Gottes steht. Würden diese Hilfen wegfallen, woher wollen wir dann noch wissen, was der Wille Gottes ist. Wo haben wir die Garantie dafür? Da geht einem auf, was „freiwilliger Gehorsam" und „freigewählte Autorität" im Ordensgehorsam bedeuten.

4. Der Gehorsam von seiten des Gehorchenden

Definition des Gehorsams

Wir haben jenen Bereich des religiösen Gehorsams durchbetrachtet, in dem es darum geht, wie die Autorität mit der Gemeinschaft zusammen den Willen Gottes er-

kennt. Ich möchte nun den Gehorsam *von seiten des Gehorchenden* besprechen. Ich möchte das vielleicht etwas
nüchtern und sachlich tun. Es gibt Situationen im Leben,
wo das Ideal allein nicht genügt, sondern wo ich – moral-
theologisch–rechtlich – sehr klar wissen muß, ob ich noch
zu gehorchen habe oder nicht. Es kann manchmal zu der
Frage kommen: Wo kann ich mit bestem Gewissen sagen,
hier darf und muß ich nicht gehorchen. Natürlich wird
das Entscheidende immer das Ideal sein, dieses
Nicht–mehr–anders–Können, als den Willen Gottes zu erfüllen und in allem diesen Willen Gottes zu erkennen.
Man könnte den Gehorsam als *Angleichung des Willens
an die rechtmäßige Willensäußerung eines rechtmäßigen Oberen* definieren. Die Angleichung des Willens –
nicht des Verstandes! Diese Definition enthält einen ob-
jektiven und einen subjektiven Teil. Die *objektive* Seite
besteht aus dem rechtmäßigen Oberenverhältnis und der
rechtmäßigen Willensäußerung, das subjektive Element
in der Angleichung des Willens.

Das rechtmäßige Oberenverhältnis

Ursprung jeder Autorität in Gott

Die Begründung der Autorität liegt im Willen Gottes. Gott
wollte die menschliche Gemeinschaft, also wollte er auch
ihre Führung. Eine Gemeinschaft ohne Führung ist wegen
der Begrenztheit der Erkenntnis des Menschen und
wegen dessen unzuverlässigen Willens nicht möglich.
Gottes Autorität über den Menschen ist eine *absolute*. Er
ist ja unser Schöpfer. *Menschliche Autorität* über Menschen ist immer eine *abgeleitete* und keine absolute. Sie
ist immer eine abhängige, eine untergeordnete: Gott läßt

den Menschen an seiner Autorität teilnehmen. Jesus sagt ja: „Wer euch hört, hört mich. Wer euch verachtet, verachtet mich" (Lk 10,16). So identifiziert Er sich mit der geistlichen Autorität. Es heißt wörtlich im Ordensdekret, daß die Ordensoberen die *Stellvertreter Gottes* in der Gemeinschaft sind. Das sind unwahrscheinliche Aussagen! Das *Gemeinschaftsinteresse* fordert trotz der Gleichwertigkeit der Persönlichkeiten eine Über– und eine Unterordnung. Wir finden das bereits im *dreifaltigen Gott:* Alle drei Personen sind in gleicher Weise anbetungswürdig. Gleichzeitig gibt es aber im dreifaltigen Gott eine ganz klare Über– und Unterordnung: Wir sind Christi, Christus ist des Vaters (vgl. 1 Kor 3,23). Der Vater ist der Ursprung. Der Sohn verkündet uns nur, was Er beim Vater gehört hat (vgl. Joh 15,15). Der Hl. Geist wiederum nimmt nur das, was der Sohn verkündet hat und führt uns in diese Wahrheit ein (vgl. Joh 16,14). Das ist eine ganz klare Ordnung, obwohl alle drei gleichwertig sind. Gott ist ein Gott der *Ordnung* (vgl. 1 Kor 14,33). Überall finden wir in der göttlichen Weise Ordnung. Die Hierarchie der Kirche z.B. ist eine göttliche Ordnung. Hier geht es nicht um Menschen, die mehr wert sind oder weniger. Es ist eine vollkommene *Gleichwertigkeit der Persönlichkeit* vor Gott. Trotzdem gibt es eine Über– und eine Unterordnung. Und daraus ergibt sich ein gegenseitiges Dienen. Hier verstehen wir auch, warum Jesus sagt: *Der Erste ist der Letzte* und der Diener aller (vgl. Mk 9,35). Diese Wirklichkeit ist schon vorgebildet im dreifaltigen Gott. Deshalb müssen wir auch Leitung und Führung immer von dieser Ordnung her sehen. Von der Persönlichkeit her sind vor Gott alle gleichwertig. Aber diese Ordnung soll helfen, daß menschliche Gemeinschaft möglich ist. Wir wissen aber auch, wie schnell wir Menschen, je nach Sündhaftigkeit und Verletztheit, diese Ordnung mißbrauchen und mit dem, was Gott uns gegeben hat, Macht ausüben statt zu dienen. Dann ist es bereits „Fleisch" und nicht mehr Geist. Diesbezüglich muß man sich dauernd prüfen. Aber wir müssen das einmal vom Grundsätzlichen her sehen.

Unser Verhältnis *zu Gott* ist also kein soziologisches, sondern es ist ein *totales Abhängigkeitsverhältnis:* denn ich bin nicht aus mir selber; ich habe alles aus Ihm. Er ist alles. Ich bin – aus mir selber – nichts. Ich bin nicht der Ursprung meiner selbst: „Was du hast, das hast du geschenkt bekommen" (vgl. 1 Kor 4,7). Dieses totale Abhängigkeitsverhältnis verwirklichen wir in der Tugend der *Religion:* religare heißt „zurückbinden an Gott". Das meint nichts anderes, als dieses völlige Abhängigkeitsverhältnis anzuerkennen – und das ist *Anbetung,* der Höhepunkt unseres Glaubens! Anbetung heißt: Du, Gott, bist alles. Du bist mein Ursprung. In Dir ist alles. Ich bin nichts aus mir selber. Ich habe alles aus Dir. Anbetung ist also die Anerkennung unserer absoluten Abhängigkeit von Gott. Der Gehorsam des Menschen dem Menschen gegenüber liegt also nicht im Recht des Stärkeren begründet oder im Übergewicht größerer Erfahrung, größerer Begabung oder größeren Wissens. Der Gehorsam von Mensch zu Mensch liegt in der ethischen Autorität begründet, kraft derer ein Oberer das Recht und die Pflicht hat, Gehorsam zu verlangen. Es gibt also *keine menschlichen Werte,* die mir ein Recht geben, über andere zu herrschen. Es ist eine *Teilnahme an der Autorität Gottes,* die Er mir anvertraut hat, mit der ich der Gemeinschaft dienen soll, damit menschliche Gemeinschaft, Ordnung und Wachstum möglich ist.

Rechtmäßiges Zustande-
kommen von Autorität

Allerdings muß es sich um ein *rechtmäßig gebildetes* Oberenverhältnis handeln. Mit der Rechtmäßigkeit steht und fällt die Verpflichtung zum Gehorsam und für mich damit auch die Sicherheit, daß Gott durch diese Autorität zu mir spricht. Die Rechtmäßigkeit kommt z.B. in der Familie durch Vaterschaft und Mutterschaft kraft natürlicher Bindung zustande; oder im Staat – je nach gesetzlicher Regelung – durch Wahl oder Erbfolge; oder in unseren Gemeinschaften aufgrund der Satzungen: sei es durch Wahl oder Ernennung, wobei die Ernennung immer auf die Wahl folgen wird. Die *Wahl* kann aus der gesamten Gemeinschaft kommen, wo der eine Geist spricht. Das Charisma der Autorität aber wird von oben, vom Apostelamt her gegeben. Das ist die sog. Bestätigung oder *Ernennung,* je nachdem wie wir das in unseren Satzungen eben bezeichnen. Danach bildet sich die Rechtmäßigkeit des Oberenamtes.

Die rechtmäßige
Willensäußerung

Wesen und Formen der Willensäußerung

Es geht dabei um die *Äußerung* des Willens. Der unmittelbare Bereich des Gehorsams ist der Wille. Bei der Autorität muß der *Wille* vorliegen, das Handeln des „Untergeordneten" bestimmen zu wollen. Mit anderen Worten: Es muß klar sein, daß der Obere den Willen geäußert hat, daß ich das oder jenes tun soll. Es gibt nun *verschiedene Arten* der Willensäußerung:

Das Gesetz
Das ist eine *dauernde* Bindung einer Gemeinschaft über die Amtszeit des Gesetzgebers hinaus – z.B. unsere Satzungen. Das ist eine Form der Willensäußerung der rechtmäßigen Autorität der Gemeinschaft: in diesem Fall des Generalkapitels.

Die Verordnung
Das ist eine *zeitweilige* Bindung des Willens einer Gemeinschaft für die Dauer einer *Amtszeit*. Wenn eine Leitung bestimmt, was sie einführen oder machen möchte. Das gilt für die Dauer der Amtszeit. Es sei denn, die neue Leitung übernimmt das sofort und bestätigt es.

Der Befehl
Das ist eine bindende Willensäußerung für eine *Einzelperson* und gilt so lange, bis der Auftrag ausgeführt ist.

Der Wunsch
Er *kann* eine bindende Willensäußerung sein, wenn die Autorität diese Form wählt – und man wird diese Form normalerweise wählen. Für den Geist des Gehorsams genügt das auch vollkommen und das wird die Weise sein, wie Brüder und Schwestern miteinander umgehen. Allerdings – das müssen wir trotzdem sehen – besteht *formalrechtlich* Wünschen gegenüber *keine* Gehorsamspflicht. Für den Gehorsamsgeist genügt ein solcher Wunsch, formalrechtlich kann aber niemand durch einen derartigen Wunsch zum Gehorsam verpflichtet werden. Deshalb ist es in wichtigen Situationen unumgänglich, ganz klar zu unterscheiden und ganz klare Formen zu wählen, welche die Gemeinschaft binden.

Klarheit der Willensäußerung

Im Lateinischen spricht man im Zusammenhang mit der Willensäußerung von *„rite promulgare"* – rechtmäßig kundgeben. So hat z.B. der Vatikan seine „Acta Apostolicae Sedis" als Publikationsorgan des Papstes und der römischen Kurie. Ebenso hat jede Generalleitung ein bestimmtes Organ. Was dort steht, ist verpflichtend. Wenn der Bischof in der Diözese etwas verkündet, ist es erst bindend, wenn es im Amtsblatt erscheint. Das meint der Ausdruck „rite promulgare". Wenn der Bischof etwas privat sagt, wird das einem glaubenden Menschen im Gehorsam selbstverständlich genügen – aber rechtlich verpflichtend ist das noch nicht. Es kann auch einmal sein, daß eine Autorität ohne die Qualifikation des „rite promulgare" etwas äußert, was ich absolut nicht akzeptieren kann; wo ich spüre, daß das nicht richtig ist und weiß, daß ich nicht gehorchen muß, weil die Äußerung nicht „rechtmäßig kundgegeben" ist.

Es kann auch vorkommen, daß auf einen Oberen Druck ausgeübt wird, *ohne* daß ihm bindende Anweisungen seitens seiner Oberen gegeben werden. Wenn er trotzdem aus gutem Gewissen bei seiner Überzeugung bleibt, wäre ein Eingehen auf deren Vorstellungen ein schlichtes Nachgeben gegenüber einem Druck von außen. So sind auch rein persönliche Meinungsäußerungen von Vorgesetzten nicht im Gehorsam verpflichtend. Wir spüren, wie diese Unterscheidungen plötzlich wichtig werden können. Auch ich geriet einmal als Novizenmeister in eine derartige Situation. Jedoch wurden auf meine konkrete Frage, ob die von der Leitung geäußerten Vorstellungen verpflichtend wären, nur verschiedene „Erwägungen" in

den Raum gestellt im Stil von: „Schau doch einmal...,
überleg doch einmal, ob es nicht auch so und so ginge..."
All das hatte aber *nicht* den Charakter einer
verpflichtenden Willensäußerung.

Die Tradition, die Erfahrung und Lehre der Kirche ist im
wahrsten Sinn des Wortes „katholisch", d.h. weit, allum-
fassend – und sehr gesund! Dahinter stehen sehr wichtige
Erfahrungen. Und zwar wichtig für einen, der ein *feines
Gewissen* hat; für einen, der Gott liebt und deshalb den
Gehorsam ernst nimmt – nicht aus Zwang, sondern aus
Liebe. Nur ein solcher Mensch gerät in Gewissenskon-
flikte, ein anderer wohl kaum. Er braucht diese *klaren*
rechtlichen Aussagen, damit er in seinem Gewissen frei
bleibt und wirklich ehrlich handeln kann, ohne mit dem
Gehorsam in Kollision zu kommen. Aus einer klaren,
rechtmäßigen Willensäußerung der Autorität muß *deutlich* hervorgehen, daß sie den anderen *verpflichten* will,
damit jeder, der Gehorsam leisten will, auch weiß, woran
er ist. Andernfalls kann es zu einem Durcheinander kommen, weil formalrechtlich bloßen Wünschen gegenüber
keine Gehorsamspflicht besteht. Es ist auch für die *göttliche Ordnung* notwendig, daß Klarheit besteht. Klarheit ist
immer ein Zeichen des *Geistes Gottes,* Unklarheit dagegen
nicht. Verschwommene, unklare Äußerungen sind sehr
oft ein Zeichen vom „Fleisch": man hat Angst vor der Reaktion der anderen und traut sich nicht zu sagen: das machen wir konkret auf diese oder jene Weise. In dieser
Angst schwingt zuviel „Ego" mit, sodaß es zu keiner richtigen Klärung kommt. Verschwommenheit ist nie Zeichen
dafür, daß der Geist wirkt. Sie schließt immer Angst um
sich selbst mit ein.

Rechtmäßigkeit der Willensäußerung

– Wahrung des Kompetenzbereiches
Damit die Willensäußerung rechtmäßig ist, muß das Aufgetragene in den *Kompetenzbereich* der Autorität fallen. Eine Hausoberin kann z.B. nicht für ein anderes Haus bestimmen, welche Ordnung einzuhalten ist oder was zu tun ist. Das liegt nicht in ihrer Kompetenz, sondern in der des jeweiligen Hausoberen. Es gibt einen *äußeren* und einen *inneren* Kompetenzbereich. Der äußere sagt mir, *was* ich tun muß, der innere wie, mit welcher Einstellung, *mit welcher Gesinnung* ich etwas tun soll. Der Obere kann aber nur diese äußeren Akte verlangen. Entsprechend dem Geist des Gehorsams muß ich mich allerdings bemühen, mich zur vollkommeneren inneren Einstellung durchzuringen und in diesem Geist wird es auch möglich werden. Oft nämlich ist es vorgekommen, daß befohlen wurde: „Sie tun das jetzt mit Freuden!" Aber das geht nicht. Damit kann man Menschen in große Konflikte bringen. Wenn Gott hingegen etwas verlangt, gibt Er zuerst die Kraft dazu.

– Wahrung höherer Gesetze
Weiters darf das Aufgetragene *keinem höheren Gesetz widersprechen:* weder einem positiv *göttlichen Gesetz –* das sind z.B. die zehn Gebote – noch einem *Naturgesetz.* Niemand darf etwas Sündhaftes verlangen, wie z.B.: „Gehen Sie hinunter an die Pforte und sagen Sie dem, daß ich nicht da bin." Es kann niemand verlangen, daß ich gegen das Gebot Gottes handle. Dasselbe gilt, wenn ein Auftrag *gegen den ausdrücklichen Willen eines höheren Oberen* verstoßen würde, daß z.B. eine Hausoberin sagt: „Was unsere Generalleitung oder Provinzoberin entschie-

den hat, interessiert uns nicht. Hier machen wir es so."
Niemand ist in diesem Punkt der Hausoberin gegenüber
zum Gehorsam verpflichtet. Gehorsam ihr gegenüber
würde gegen einen höheren Auftrag verstoßen.

– *Wahrung des Gemeinwohls*
Das Aufgetragene darf *nicht gegen das Gemeinwohl*
verstoßen. Darunter fallen Aufträge, die gegen die Gemeinschaft gerichtet sind. Das wird selten sein. Aber ich
kenne einen derartigen Fall, wo es zu einer Auseinander-
setzung auf höherer Ebene gekommen ist. Einem Auftrag,
der gegen das Wohl der Gemeinschaft gerichtet ist, darf
ich nicht gehorchen.

– *Physische und moralische Ausführbarkeit*
Das Aufgetragene muß *physisch und moralisch ausführ-
bar* sein. Man kann von einem Menschen nicht verlangen,
was er nicht kann. Allerdings muß er den *Versuch* zumindest gemacht haben, es auszuführen. Er kann nicht von
vornherein sagen: „Ich kann das nicht." Das könnte eher
zunächst heißen: „Das will ich nicht." Vielleicht wäre
diese Antwort manchmal wahrer als: „Ich kann nicht."
Das ist so eine alte Kindheitslüge, die man oft ins Alter
hineinrettet, um, wenn man vor etwas Angst hat, zu
sagen: „Ich kann nicht" statt: „Ich habe Angst, ich will
nicht." Entscheidend ist, es wirklich zu versuchen. Man
sieht ja dann, ob man es wirklich nicht kann. Ich kenne allerdings selbst auch Fälle, wo man von Menschen Dinge
verlangte, die sie wirklich nicht konnten.
Auch *heroische Taten* können im normalen Gehorsamsbereich *nicht* gefordert werden: daß ich z.B. mein Leben
einsetze oder sonst etwas Außergewöhnliches tue, das
nicht in den Satzungen verlangt ist. Heroische Taten fallen

nur dann unter den Gehorsam, wenn sie in der Art der Gemeinschaft begründet sind. Im Orden der Märzedarier wurde z.B. das Gelübde abgelegt, sich in die Sklaverei verkaufen zu lassen, um andere loszukaufen. Wenn mir in einem anderen Orden dasselbe nun von meinem Oberen aufgetragen würde, wäre ich nicht zum Gehorsam verpflichtet, weil das nicht in unseren Satzungen steht und ein so außergewöhnlicher Akt nicht in der Kompetenz des Oberen liegt. Wenn ich aus einem tiefen Gehorsamsgeist heraus trotzdem einem derartigen Auftrag nachkommen möchte, ist das meine ganz persönliche Sache. Rechtlich bin ich dazu nicht verpflichtet. Was also nicht innerhalb der Gemeinschaft begründet ist und Heroisches verlangt, fällt normalerweise rechtlich nicht unter die Gehorsamspflicht. Da würde der Kompetenzbereich des Oberen überschritten.

– Sinnvolles Handeln
Das Aufgetragene muß *sinnvoll* sein. Religiöser Gehorsam ist sinnvoller Vollzug. Es geht *nicht um Abtötung des Willens,* sondern um dessen *sinnvollen Gebrauch,* um die bewußte Unterordnung des eigenen Willens unter den Willen Gottes. Formalrechtlich bräuchte ich etwas Sinnlosem nicht gehorchen: wenn ich z.B. den Salat verkehrt in den Boden setzen soll. So etwas wird wohl nicht mehr häufig vorkommen. Natürlich kann man nicht alles gleich von vornherein für sinnlos erklären, wenn es einem nicht paßt. Es muß wirklich sinnlos sein.

– Gerechtes Handeln
Das Aufgetragene muß *gerecht* sein. D.h. die Lasten müssen gerecht verteilt werden, entsprechend den *physischen, moralischen und geistigen Fähigkeiten* der einzel-

nen. Man kann nicht von jedem dasselbe verlangen. Diese Dinge sind natürlich immer schwer zu unterscheiden. Es kann wahrscheinlich auch nur im *Gespräch* erkannt werden, daß einer, den ich überfordert habe, mich als Oberen darauf hinweist, sodaß ich in der Folge manches zurücknehmen werde.

All diese Punkte gehören in den Bereich der *Rechtmäßigkeit* der Äußerung des Willens einer Autorität. Das wären also objektive Kriterien. Ein jeder muß selbst spüren, wo ihm diese Dinge – als glaubendem und liebendem Menschen – eine Hilfe sind.

Ein weiterer Faktor für den Gehorsam ist das subjektive Element:

Die Angleichung des Willens

Inhalt der Willensangleichung

Der Inhalt eines Gehorsamsschrittes ist die Angleichung des *Willens* an eine *ethische Autorität*. Es geht im Gehorsam nicht um eine Angleichung der Erkenntnis an eine Erkenntnis–Autorität. Der Gehorsam darf nicht nur dann geleistet werden, wenn eine Sache einsichtig ist und ich dasselbe erkenne, wie die Autorität. Das ist nicht die Voraussetzung für den Gehorsam. Es kann sehr wohl sein, daß ich überhaupt nichts erkenne. Die Autorität erkennt, daß dieses oder jenes geschehen müßte. Ich aber kann nichts durchschauen. Es geht um die Angleichung des Willens an eine Willens–Autorität, an die ethische Autorität. Ich muß bereit sein, meinen Willen *in die gleiche Richtung* zu leiten, in die der Wille meiner Autorität geht.

Das Konzil verlangt zwar, daß – soweit als möglich – Einsicht in den Auftrag gegeben werden soll, damit der Gehorsam leichter vollziehbar ist. Soweit Einsicht *möglich* ist, soll sie also gegeben werden. Aber es gibt auch Dinge, wo ich z.B. aufgrund fehlender Erfahrung die Einsicht nicht haben kann. Der Gehorsam darf also nicht von der Einsichtigkeit einer Anordnung abhängig gemacht werden. In der Angleichung des Willens besteht das eigentliche *Wesen* des Gehorsams: der gehorchende Wille hat dieselbe Richtung wie der befehlende Wille.

Ausmaß der Willensangleichung

Wie weit ist die Angleichung des Willens möglich? Man kann sagen: *soweit der Wille reicht,* so weit ist sie möglich. Der Wille hat über *äußere Akte* eine absolute, despotische Macht: wenn ich meinen Kopf bewegen will, dann tue ich es eben. Alles, was die äußeren Akte angeht, fällt unter den Willensbereich. Über *innere Akte* – darüber, mit welcher Gesinnung ich etwas tue – hat der Wille nur eine „diplomatische" Macht. Der Wille kann mich nur immer mehr disponieren, daß ich etwas ganz tief innerlich annehmen und es überzeugend tun kann. Wenn sich also z.B. unsere Gefühle und Triebe gegen einen Auftrag wehren, dann ist das kein formaler Ungehorsam, sondern vielmehr ein echtes Sterben, ein echtes Durchringen. Das ist sogar ein sehr kostbarer Gehorsam. Dies zu wissen, ist für einen wirklich ehrlich strebenden Menschen wichtig. Es ist ein *langsamer Prozeß,* bis der Wille „diplomatisch" auch die inneren Akte gewonnen hat und eine innere Freiheit und Freude wachsen kann, indem der Wille Gottes erfüllt wird. Es gilt also, das Gefühlsleben „diplomatisch" zu gewinnen.

Angleichung des Verstandes an den Willen

Wie weit vermag der Wille den Verstand zu bewegen, dem Aufgetragenen keinen Widerstand entgegenzusetzen, ja, es sogar als das Bessere zu erkennen? Der Wille will in die Richtung gehen, die der Obere geht. Aber der Verstand steht dem entgegen: „Es gibt doch Vernünftigeres..." So liegen Wille und Verstand manchmal miteinander im Widerspruch. Bevor ich darauf weiter eingehe, sei gesagt, daß das folgende meines Erachtens nach *nicht ohne Gnade* möglich ist. *Vier Stufen der Intensität* seien hier genannt:

– Vertrauen auf die Richtigkeit
Der Wille kann den Verstand bewegen, daß er seine Gründe gegen den Gehorsam fallen läßt und keine Stellung zum Aufgetragenen bezieht. Der Verstand verzichtet also auf das „Warum" und das „Wozu soll ich das tun?", *vertraut auf die Richtigkeit* des Aufgetragenen und nimmt es widerspruchslos an, es sei denn, das Aufgetragene wäre Sünde. Nehmen wir ein Beispiel: Angenommen ich habe eine Ausbildung zum Professor in Mathematik – promoviert, habilitiert und bereits ein konkretes Angebot an einer Universität. Und jetzt sagt der Obere zu mir: „Wir brauchen in der Küche unbedingt jemanden zum Kartoffelschälen – zumindest einmal für eine bestimmte Zeit." Das ist ein extremes Beispiel. Der Verstand wird sich zunächst radikal dagegen wehren: die Gaben einfach so unter den Tisch zu fegen! Jetzt kann der Wille den Verstand bewegen und sagen: Wenn du jetzt gleich Professor wirst, steigt dir das vielleicht so in den Kopf, daß dein eigentliches Ordensleben verloren geht und du sehr stolz wirst, ohne es zu merken. Was du brauchst, bevor du dein

Amt antrittst, ist Demut. Geh also in die Küche. Es ist wirklich der Wille Gottes, der dich jetzt führt und „bügelt". Es kann dann sein, daß dem Verstand ein Licht aufgeht, und er sich nicht mehr gegen den Willen wehrt, der in diese Richtung gehen will, sondern er kann das in diesem Moment sogar als das Bessere erkennen. Das ist gemeint: der Wille bewegt den Verstand, der sich zuerst wehrt, daß er erkennt, es gibt noch *höhere Werte* und die sind es, die Gott jetzt von mir will. Deshalb ist jetzt dieser Weg für mich entscheidend und einmal eine Zeit lang für mich verbindlich.

– Vertrauen auf die rechtmäßige Autorität
Der Wille kann den Verstand bewegen, das Aufgetragene trotz scheinbarer Gegengründe als das Bessere anzusehen, wenn es von der *rechtmäßigen Autorität* kommt, hinter der Gott steht. Hier ist der oft falsch verstandene „blinde Gehorsam" gemeint. *„Blind" ist nicht „sinnlos".* Blinder Gehorsam hat mit sinnlos überhaupt nichts zu tun. Sinnlos ist sinnlos. „Blind" ist, wo mir etwas einfach nicht einleuchtet und ich etwas gar nicht verstehen *kann,* weil mir dazu die notwendigen Erfahrungen oder Erkenntnisse fehlen. Die Tatsache aber, daß die rechtmäßige Autorität von der Richtigkeit des Aufgetragenen überzeugt ist, gibt mir die Garantie, daß dieser Weg zu beschreiten ist. Sogar mein Verstand kann, durch meinen Willen bewegt, erkennen, daß das jetzt das Bessere ist – obwohl ich nichts verstehen kann. Das wäre sog. „blinder Gehorsam".
Ein derartiger Gehorsam wird *auch im kleinen* immer wieder auf mich zukommen, wenn mir etwas undurchsichtig und unverständlich scheint. Aber aufgrund der rechtmäßigen Autorität gehe ich diese Richtung im Ver-

trauen, daß es der Wille Gottes für mich ist. Gerade in diesem blinden Gehorsam kommt die *Liebe zum Herrn* ganz deutlich zum Ausdruck. Es kommt die Hingabe, dieses Einfach–Tun–Wollen, was Sein Wille ist, ganz tief zum Tragen – und zwar in einer befreienden Art und Weise. Dort, wo ich alles selber erkenne und einsehe, ist der Gehorsam kein Problem. Aber gerade wenn ich nichts mehr durchschaue und – mich ganz und gar auf die Wirklichkeit der Autorität verlassend – im Gehorsam gehe, werde ich spüren, wie die Liebe wirksam wird und aufblüht. Denn da ist nichts mehr von mir. Es ist ein Sich–Hineinfallen–Lassen in Gott, der zu mir spricht, der mich führt, wo Sein Wille mir zur Speise wird. Hier wird diese „Speise" ganz tief erfahrbar. Das wird in einer befreienden *Freude* zum Durchbruch kommen.

Wenn ich an so manche Situationen meines Lebens denke, wo ich mir absolut nicht vorstellen konnte, wie ich es machen sollte, wo mir Aufträge gegeben wurden, die ich einfach für unmöglich hielt! Dort konnte ich nur in diesem „blinden Gehorsam" den Aufgaben nachgehen. Dieser „blinde Gehorsam" hat *zwei Schranken:* Zunächst ist das die *Offensichtlichkeit der gegenteiligen Wahrheit.* Wenn es offensichtlich ist, daß es falsch ist, kann ich nicht gehorchen. Die Offensichtlichkeit einer Wahrheit tut dem Verstand Gewalt an. Hier gibt es keine Unterwerfung des Verstandes. Eine solch klare Einsicht gibt es allerdings im *praktischen* Lebensbereich selten. Es gibt sie am ehesten im *moralischen* Bereich, ob etwas Sünde ist oder nicht. Da ist blinder Gehorsam nicht nötig. Da wird sich der Verstand wehren – und zwar mit Recht. In solchen Situationen gehört es zum Gehorsam, daß der Verstand sich wehrt und daß er sich äußert.

– Handeln in der Intention der Autorität
Der Wille kann den Verstand bewegen, das Handeln in der Intention der Autorität als eine *besondere Wachsamkeit gegenüber dem Willen Gottes* zu erkennen. Es kann sein, daß in mir ein solches Bedürfnis nach dem Willen Gottes wächst, daß ich *von selber* in der Intention des Oberen zu handeln beginne. Mit der Zeit weiß ich ja ungefähr die Grundausrichtung der Intentionen der mir zugewiesenen Autorität. Ein solches Verhalten hat nichts mit Augenauswischerei oder Kriecherei zu tun. Die Augendiener und die Kriecher unterwerfen sich ja nur äußerlich. Sie tun nur so „als ob", um einen Vorteil zu erhaschen. Sie handeln aus Egoismus und schlauer Berechnung. Der wahrhaft Gehorsame handelt *aus Liebe zu Gott*. Und das ist ein großer Unterschied! Ich selbst versuche also, in meinem Verhalten der Intention meines Oberen zu entsprechen. Ich weiß z.B., daß er etwas nicht richtig findet, und frage deshalb gar nicht mehr nach dieser Möglichkeit. Es ist ein Handeln aus der Liebe zum Herrn heraus und nicht aus irgendwelchen anderen unlauteren Motiven.

– Erkenntnis des Gehorsams als das Vollkommenste
Der Wille kann den Verstand zur Erkenntnis bewegen, daß das Handeln im Gehorsam das Vollkommenste ist. Diese Haltung entspringt dem Wunsch, *aller Eigenwilligkeit zu entsagen,* alle Selbstherrlichkeit abzulegen und ganz entschieden die Haltung Jesu einzunehmen: Der Sohn kann nichts aus sich selbst tun. Er kann nur tun, was Er den Vater tun sieht. Was dieser tut, tut in gleicher Weise auch der Sohn (vgl. Joh 5,19). Der Verstand ist bereit, all seine besseren Einsichten, soweit sie nicht eingebracht werden müssen, um das Richtige zu finden, zurückzustel-

len, weil er den Gehorsam als das Vollkommenere erkennen kann und danach zu handeln sucht.

Innerhalb dieser vier Stufen kann der Wille den Verstand bewegen, in die Richtung des Willens der Autorität zu gehen. Diese Haltung hat nichts mit feiger Furcht vor Verantwortung zu tun, indem man aus Angst vor Verantwortung lieber gehorcht. Wahrer Gehorsam kommt aus der angestrengten *Wachheit des Gott liebenden Herzens,* das allezeit tun will, was dem Vater Freude macht. Oft wächst eine solche Haltung ganz organisch, ganz von selber. Aus dem Gesagten ergibt sich, daß die wirkliche Tugend des Gehorsams *nur dem Glaubenden und dem Liebenden* möglich ist. Ein Gehorsam ohne Verstandesgehorsam wäre kein Ganzopfer. Wenn der Wille den Verstand nicht dazu bewegt – es geht hier um die *inneren* Akte –, wirklich ganz in diese Richtung zu gehen, nur noch den Willen des Vaters erfüllen zu wollen und im Verstand zu erkennen, daß dies das Vollkommenere ist – solange ist Gehorsam nicht Ganzopfer. Beachten wir aber, daß ohne die innere Haltung der *Hingabe* wahrer Gehorsam nicht möglich ist, ja daß er in dieser Hingabe sogar zur Sehnsucht wird.

Wirkungen echten Gehorsams

Innere Offenheit und Beweglichkeit

Gehorsam gibt uns *innere Weite und Beweglichkeit* und bewahrt uns vor den verschiedenen Gefahren im Zuge der Persönlichkeitsbildung. Unser Bemühen um echte Persönlichkeit ist immer von der Gefahr begleitet, daß wir stur, starr, absonderlich und eigenwillig werden. Wie oft sind fromme Frauen eigensinnig! Wie oft sind fromme

Männer allzu hart, herb und stur! Das sind lauter Widersprüche gegen die christliche Liebe. Echter Gehorsamsgeist hält uns *offen*, hält uns *empfänglich für Gott* und Seinen Willen. Wir bleiben *veränderungsbereit* und sind nicht eigensinnig, stur oder hart. Wir bleiben dauernd aufnahmsbereit und in Bewegung. Das ist die Frucht echten Gehorsamsgeistes. Wir erleben das an Ordenschristen, die schon 80 oder 90 Jahre alt und trotzdem ganz offen und bereit und von unwahrscheinlicher innerer Weite und Beweglichkeit sind.

Schutz vor Selbstsucht und Selbsttäuschung

Gehorsam bewahrt uns vor Selbstsucht und Selbsttäuschung. Das Bemühen um Vollkommenheit und Vervollkommnung, das ja unser aller Bemühen ist, das Bemühen um Sammlung, um Gotteserfahrung, ist immer umlauert von der Gefahr der *Selbstsucht*. „Sucht" weist immer auf ein Suchen hin. Wie oft suchen wir im Bemühen um Vollkommenheit nur uns selbst? Wir suchen den Trost Gottes, aber nicht Gott. Wir suchen das innere, fühlbare Gotterleben im Gebet, aber nicht Gott. Dieses Bemühen ist auch von der Gefahr der *Selbsttäuschung* umlauert: Man mißt nur allzu leicht die inneren Fortschritte an der Reichhaltigkeit der eigenen Erkenntnisse und an der Intensität des inneren, fühlbaren Erlebens. Man macht das Maß des Gefühls zum Maß der Gotteserfahrung. Gerade das ist verkehrt. Das ist eine Selbsttäuschung. Daraus ergibt sich auch die Gefahr des regelrechten Suchens nach solchen Erlebnissen, nach reichhaltigen, inneren, fühlbaren Erlebnissen. Die *Folgen* sind oft geistiger Eigensinn, bis zur Hartnäckigkeit, bis zur Unbelehrbarkeit, bis zum *geistlichen Hochmut:* „Ich habe es erlebt und so ist es!" Man hält an diesen Dingen fest und ist überhaupt nicht mehr offen. Begleitet ist dies von einem *Nachlassen in der Übung der kleinen Tugenden.* Das kann sich in Form von Trägheit im Beruf, im Sich–Besser–Dünken usw. auswirken.

Echter Gehorsamsgeist *beschneidet unseren kranken Eigenwillen.* Er hält uns *hellhörig* auf Gottes Willen hin und hält uns in einer *Besserungsbereitschaft,* wo wir nicht sagen: „Jetzt habe ich es. So ist es." Wenn wir auf Gott hören, kann Gott uns aufdecken und uns zeigen, wie armselig wir sind. So geraten wir nicht in Selbstsucht oder Selbsttäuschung. Aus dieser Erfahrung betonen viele Heilige die *Notwendigkeit* des Gehorsams und sagen: Selbst bei unerleuchteten Vorgesetzten und Anordnungen sollen wir immer gehorsam sein. Denn sie sind überzeugt, daß Gott eher die Verhältnisse ändert oder sogar ein Wunder wirkt, als daß er vom Gehorsam entbinden würde. Wir spüren, daß echter Gehorsamsgeist – nicht unwürdige Unterwürfigkeit – uns tatsächlich vor Selbsttäuschung und Eigenwillen bewahrt und uns in große Offenheit und Beweglichkeit führt. Die hl. Teresa v.A. schreibt: „Die Oberin hat zur Zeit das Sakrament der Autorität, und wir müssen ihr Ehrfurcht entgegenbringen. Wenn wir uns ihr gegenüber im Geist des Glaubens verhalten, wird der liebe Gott niemals zulassen, daß wir getäuscht werden. Selbst ohne es zu wissen, wird sie uns stets die göttliche Antwort geben." Sie sagt auch: „Der *rascheste Weg* zum Gipfel der Vollkommenheit zu gelangen, ist der des Gehorsams."

Geborgenheit in Gott

Der Gehorsam gibt uns ein Gefühl der Geborgenheit in Gott. Das können wir wiederum in unserem eigenen Leben bestätigt finden, wenn wir darauf eingegangen sind. Wenn ein Gott liebender Mensch auf irgendeinem Gebiet nach seinem eigenen Kopf handelt, erfährt er in sich ein Gefühl der Unstimmigkeit. Der Weltpriester Leo Drese schreibt in seinem Büchlein „Auch ein Mensch": „Jedweder Ungehorsam ist ein Schlagbaum zwischen mir und Christus, ein Ersticken der Gnade, und zwar ausgerechnet in ihrem Quellgrund." Wir werden erleben, daß *Ungehorsam* zu *Heimatlosigkeit und Ungeborgenheit* führt. Man kommt sich plötzlich so außerhalb der Geborgenheit in Gott vor. Genauso kommen Unruhe und Unsicherheit durch Angst vor Kreuz und Leid in uns auf; oder durch die Furcht, versetzt zu werden, einer Aufgabe nicht gewachsen zu sein oder ein begonnenes Werk nicht vollenden zu können. All das bringt diese beunruhigenden Momente in der innersten Mitte der Person hervor. Wenn ich mich in all diesen Fällen *vom Gehorsam getragen* weiß, erfahre ich in mir genau das Gegenteil: innere Ruhe, Sicherheit, Geborgenheit. Solange diese Dinge in mir Unsicherheit, Unruhe und Ängste auslösen, stimmt irgendwo auch etwas im Gehorsamsbereich nicht, in diesem Hören auf Gott: „Herr, was willst Du von mir?" Gerade da gibt das „Sakrament der Autorität" die Sicherheit, daß es Sein Wille ist. Das ist eine wunderbare Hilfe.

Apostolische Fruchtbarkeit

Gehorsam gibt uns auch apostolische Fruchtbarkeit. Der fruchtbarste Boden für apostolische Wirksamkeit ist immer die Heiligkeit des Lebens. Der *rascheste Weg* dahin ist, wie es die große Teresa sagt, der des Gehorsams. Leo Drese schreibt deshalb mit Recht: „Wenn ich Gottes Willen tue, ihn in der Praxis zu dem meinen machen, werden auch die Gläubigen mir, ihrem Hirten gehorchen und folgen. Wenn in meinem Herzen alles ruhig und friedlich ist, werde ich auch meine Herde in Ruhe und Frieden führen."

Schutz vor falschem Leistungsdruck

Echter Gehorsamsgeist bewahrt uns vor den Gefahren der apostolischen Überaktivität. Diese Gefahren kennt wohl jeder: Jeder will in seinem Tun Erfolg haben – auch als Apostel. Er kommt leicht in einen *Leistungsdruck* und benutzt oft weltliche Mittel und Methoden, um bei seinen Zuhörern geistlichen Erfolg zu erzwingen. Damit ist die Gefahr der Veräußerlichung, der Ich–Sucht, des Stolzes verbunden. Man sucht also Aktivität und Leistung um jeden Preis, wird stolz auf diese Leistung, verbucht sie auf das eigene Konto.

Der Gehorsame läßt sich auch in seinem *apostolischen Tun* von Gott bestimmen. Er weiß, daß nicht eigenmächtiges Tun geistlichen Erfolg bringt, sondern die *Gnade Gottes,* die man sich nur schenken lassen kann. Da muß man eben oft auch Lücken lassen, wo nicht alles so perfekt ist, wo aber Gott durch seinen Geist eindringen darf. Dieser Mensch weiß, daß „Gott dem Stolzen widersteht" (vgl. 1 Petr 5,5). Er kann auch seinen *Mißerfolg als verborgenen Erfolg* Gottes bereits erahnen. Mißerfolg ist für den glaubenden und hörenden Menschen nur ein versteckter Erfolg, ein noch etwas verhinderter Erfolg, der aber durchbrechen wird. Denn manche Aufgabe würde man nicht übernehmen aus Angst, sich dabei zu blamieren. Manches kann man überhaupt nur aus dem Gehorsam heraus tun, indem man sagt: „Gut, Herr, wenn Du das willst, will ich es versuchen und mich darauf einlassen.

Ich gebe dabei Dir eine Möglichkeit zu wirken." Man kann die jeweilige Sache dann sogar mit einer tiefen *inneren Ruhe* tun, ohne zu starke Ängstlichkeit.

Innere Leichtigkeit und Anpassungsfähigkeit

Echter Gehorsamsgeist gibt beim *Wechsel von Aufgaben* innere Leichtigkeit und Anpassungsfähigkeit. Er bewahrt uns davor, uns für unentbehrlich und unersetzlich zu halten. Das ist immer wieder die Gefahr, die in uns steckt: „Wer macht das, wenn ich nicht mehr kann?" Manche wollen etwas absolut nicht abgeben mit dem Argument, die bestehende Situation sei doch ideal. In Wirklichkeit aber können sie es einfach nicht loslassen. Ich habe mich jedes Mal gefreut, wenn mir ein alter Ordenschrist erzählte, daß es ihm zwar schwer gefallen war, einen Aufgabenbereich auf Wunsch des Oberen aufzugeben, weil er die Arbeit gerne hatte, er aber den Willen Gottes darin erkannte und deshalb gehorchen konnte. Das ist befreiend im Vergleich zu jenen, die auf Biegen und Brechen nicht loslassen können, dadurch vieles zerstören und anderen die Möglichkeit nehmen, sich einzuarbeiten. Das ist reines Ich und hat mit Gehorsamsgeist nichts zu tun.

Diese Gefühle kommen bei *Versetzungen* meist unverhüllt zutage. Das kann schon einmal weh tun. Wenn aber durch die Reaktion auf eine Versetzung das Verhältnis zu Gott, zu den Oberen oder zur Gemeinschaft gestört wird, ist dies ein Zeichen für unsere ungebührliche Anhänglichkeit und für unsere Ich–süchtige Einstellung. Darum ist die Versetzung genau das Beste, was mir jetzt passieren kann, damit ich diesen Fehler erkenne.

Folgen fehlenden Gehorsamsgeistes

Bei fehlendem Gehorsamsgeist tritt bei *aktiven* Naturen ein rein naturhafter Leistungstrieb auf. Bei *passiven* Naturen Trägheit, Gemütlichkeit, Ausweichen vor jeder Schwierigkeit. Bei *allen* Naturen werden bei fehlendem Gehorsamsgeist auftreten: Selbstsucht, Selbstherrlichkeit, Geschäftigkeit ohne Tiefenwirkung, Resignation bei Mißerfolg, Trägheit und Genußsucht (Essen, Trinken), Beachtet–Sein–Wollen, Erpicht–Sein auf Lob und Dank; man stellt Ansprüche und ist gekränkt, wo Erwartungen nicht erfüllt werden. Die Folgen fehlenden Gehorsamsgeistes sind erdrückend, selbstzerstörerisch und werden auch die Gemeinschaft sehr stören.

An den Wirkungen echten Gehorsamsgeistes spüren wir, daß es nicht einfach um Formalismus–Gehorsam geht. Das wäre kein Gehorsam im religiösen Sinn. Es muß im Gegenteil etwas sein, was einfach zu meinem Leben gehört: Ich kann als der Verliebte nicht mehr anders, als den Willen meines Geliebten zu erfüllen. Das ist meine ganze Sehnsucht und mein Leben. Wahrer Gehorsam wird in vieles Licht hineinbringen, was sonst menschlich dunkel wäre. Auch im Inneren wird die *Kraft Gottes* lebendig. Ich kann Ja sagen und mich freuen, wo ich mich sonst vielleicht geärgert hätte, zerknirscht wäre und womöglich noch in eine Depression gekommen wäre. Durch den Gehorsam aber komme ich in eine neue Freiheit und kann spüren: Der Herr will etwas anderes. Dazu gibt mir die Autorität die Sicherheit, daß ich im Willen Gottes stehe. Möge uns allen die Kostbarkeit dieser Gabe Gottes mehr und mehr bewußt werden.

CHRISTLICHE EHE UND EHELOSIGKEIT

Lasset uns beten:
Herr, wir bitten Dich,
führe uns hinein
in das Geheimnis Deiner Kirche,
in das Geheimnis unseres eigenen Lebens,
die wir diese Kirche sind.

Laß uns aus diesem Geheimnis so leben,
daß andere nach Dir zu fragen beginnen,
weil Du in uns sichtbar wirst.
Laß uns den Menschen voranleuchten,
die Dich in uns erkennen.

Den Verheirateten unter uns
aber schenke die Gnade,
sakramentales Zeichen
Deiner Treue zur Kirche zu sein,
den Jungfräulichen die Gnade,
der Welt den Weg
zur kommenden Herrlichkeit zu zeigen.
Darum bitten wir Dich,
Christus, unseren Herrn.
Amen.

1. Das innerste Geheimnis der Kirche

Berufen zur Hochzeit mit dem Lamme

Der Sinn der Weltgeschichte besteht darin, die Braut für die Hochzeit mit dem Lamme auszustatten. Dazu ist die Welt geworden, dazu ist die ganze Schöpfung aus Gott hervorgegangen. *Die Schöpfung ist etwas Sichtbargewordenes aus Gott.* Von der Liebe Gottes her gesehen ist sie notwendig. Wir wissen, daß mit Braut im biblischen Sinn nicht nur der Mensch gemeint ist, sondern die ganze Schöpfung, denn die ganze Schöfpung seufzt nach Erlösung. „Es wird *ein neuer Himmel und eine neue Erde sein*" (vgl. Offb 21,1): die ganze Schöpfung gehört zur Braut. Wie gehen wir mit diesem „Brautkleid" um, mit dem, was in das „neue Jerusalem" (vgl. Offb 21,2;9f.) verwandelt werden soll? Es steht in der Schrift – frei zitiert – daß das, was unter den Egoismus des Menschen fällt, mit der Gestalt dieser Welt vergehen muß (vgl. 1 Kor 29–31). Nur, was von der selbstlosen Liebe des Menschen mit in die Erlösung hineingenommen wird, wird „neuer Himmel und neue Erde".

Da erahnen wir etwas vom Wort des Hl. Paulus: „Die ganze Schöpfung seufzt nach dem Offenbarwerden der Kinder Gottes" (vgl. Röm 8,19). Die Kinder Gottes sind die, die am Wesen Gottes teilhaben, jene die *lieben*. Die Schöpfung seufzt danach, von den Kindern Gottes in Liebe behandelt zu werden, denn dann wird sie mithineingenommen in das Bleibende, in den neuen Himmel und die neue Erde, hinein in die Hochzeit des Lammes. Jeder und alles hat einen bestimmten *Dienst* zu leisten auf dieser „Pilgerfahrt" zur Hochzeit mit dem Lamme. Wenn wir z.B. nach Israel pilgern, müssen wir sehr viele Dienste in Anspruch nehmen, bis wir dort sind: einen Fahrkarten-knipser (das ist vielleicht noch das Einfachste!), einen Flugzeugführer, ein Flugzeug, Leute, die uns begleiten etc. Ebenso braucht es viele Dienste, um die Braut auf dem Weg zur Hochzeit mit dem Lamme auszurüsten. Es ist eine Art „Pilgerreise" zum neuen Jerusalem; jedes Element der Schöpfung, somit auch jeder evangelische Rat, hat seine *bestimmte Funktion* bei dieser Ausstattung der Braut für die Hochzeit.

Christliche Ehe und christliche Ehelosigkeit

In dieser Reihe von Diensten hat *christliche Ehe* die Auf-gabe, die Braut vorzubereiten – gemäß dem Schriftwort: „Wenn die Zahl der Berufenen vollendet ist, dann wird der Herr wiederkommen." Der ganze tiefe Auftrag der Ehe ist, daß aus der Liebe zweier Menschen die Glieder des Leibes Christis immer mehr herauswachsen, damit so *die Zahl der Berufenen vollendet* werde. Was kann es für christliche Eheleute bedeuten zu wissen, daß sie mitwir-ken, die Braut auszustatten, die Zahl der Berufenen zu vollenden, damit der Herr kommen kann, um die Braut abzuholen! So haben die Eheleute den Auftrag, in dieser Weise die Braut auszurüsten zur Vollendung. Verbunden damit haben sie bespielsweise auch den Auftrag, Besitz zu haben, weil es einfach eine Grundvoraussetzung für dieses Leben darstellt. Andererseits gibt es auch solche, die den Auftrag haben, *das Ziel zu erklären.* Wenn uns niemand vom Heiligen Land etwas zeigt und erzählt, wer-den wir nie die Sehnsucht haben, dorthin zu pilgern. Es braucht also immer jemanden, der das Ziel erklärt, und das ist die Aufgabe des ehelosen Christen: jetzt schon in-mitten dieser Weltzeit das leben zu dürfen, was am Ziel, in der End–Vollendung bei der Hochzeit des Lammes sein wird, sodaß die Menschen neugierig werden und sagen: dahin wollen wir! So ergibt sich eine dreifache Zusammengehörigkeit, die man niemals trennen kann:

– *Geheimnis der Kirche,*
– *christliche Ehe* und
– *christliche Ehelosigkeit*

bilden zusammen ein *unauflösliches* Dreigestirn. Wenn wir eines herauslösen, dann müssen auch die anderen beiden zerfallen. Wenn ein Mensch für das innere Geheimnis der Kirche keinen Sinn hat und die Kirche für ihn eine bloße Institution darstellt, dann wird er auch keinen Sinn für das tiefere Geheimnis christlicher Ehe und das christlicher Ehelosigkeit haben. Diesen Zusammenhang können wir überall feststellen, sogar in Artikeln von Theologen zeigt sich dies immer wieder. Warum nun gehört dieses „Dreigestirn" so fest zusammen? Wenn wir über unsere Zugehörigkeit zur Kirche sprechen, sagen wir ja: wir sind der *Leib Christi,* wir *sind* Kirche. Wir stellen also dieses innerste Sein und Wesen der Kirche tatsächlich dar. Wenn wir als *Leib–Seele–Wesen* Kirche nicht nur „bedeuten", sondern *sind,* dann muß man an uns als Leib–Seele–Wesen doch feststellen können, was das innerste Geheimnis der Kirche tatsächlich ist. Ich kann doch nicht sagen: das ist ein Känguruh, ohne dieses an seinem Beutel zu erkennen! Deshalb muß es ein Unterschied sein, wenn ich hier einen Getauften sehe und dort einen Nicht–Getauften. Genauso muß *ein wesenhafter, sichtbarer Unterschied* bestehen, ob nun ein Christ eine Ehe lebt im Gegensatz zu einem Heiden oder Atheisten.

Ehebund und Königreich

Was ist das innere Geheimnis der Kirche? – Das finden wir wunderbar ausgedrückt von der ersten Stelle der Genesis an bis zum Schluß in der Apokalypse. Durch die ganze Hl. Schrift ziehen sich *die Bilder vom Ehebund und vom Königreich.* Sie bezeichnen im Alten Testament *Jahwe mit seinem Volk,* am Anfang dargestellt in den zwei Menschen Adam und Eva, Mann und Frau. Der Mann stellt immer den *Bräutigam* dar, die Frau immer die *Braut,* der Mann den *König,* die Frau das *Königreich.* Ein König ohne Königreich ist – so würden wir sagen – eine „Witzfigur". Damit ist ausgedrückt, wie innig und unzertrennlich Gott sich Seinem Volk verbunden hat. Von Anfang an wird also das Wesen der Kirche im Verhältnis des Bräutigams zur Braut dargestellt. So geht es über die Propheten, wie z.B. Ezechiel, bis hin zur Apokalypse, wo von einem ewigen Hochzeitsmahl die Rede ist – und der letzte Satz wiederum heißt: „Der Geist und die Braut rufen: Maranatha: Komm, Herr Jesus!" (vgl. Offb. 22,20b).

Das innnerste Geheimnis der Kirche ist die Brautschaft. Das ist auch das endgültige Geheimnis der Kirche: sie ist Braut des Bräutigams Jesus Christus. Aber diese Kirche ist, solange sie in dieser Weltzeit lebt, noch nicht in der Vollendung. Da ist sie *nicht nur Braut, sondern auch Mutter,* denn aus ihr kommt das Leben. Deshalb sprechen wir von der „Mutter Kirche". Darum mußte *Maria* – da sie ja die „Erst-Kirche" war – dem Leib und der Seele nach Jungfrau und Mutter sein, sonst wäre sie nicht das Urbild der Kirche. Christus ist uns durch Maria geschenkt. Sie ist die Mutter des Erlösers. Sie hat einen ungeheuren Anteil an unserer Erlösung und ist im tiefsten Sinne *Miterlöserin.* Sie muß beides in sich vereinen, was das Wesen der Kirche ausmacht: Mutterschaft und Brautschaft.

Wir spüren jetzt auch vom Geheimnis der Kirche her, worin die Unauflöslichkeit der Ehe gründet und eine jungfräuliche Lebensweise nur eine ewige sein kann.

Wenn wir das *Geheimnis der Kirche* darstellen, nämlich *die Treue Christi zur Braut und die Treue der Braut zu Christus* und wenn das im sakramentalen Bild der Ehe bildhaft dargestellt wird, dann kann es nur eine *unauflösliche Ehe* sein. Es wird ja dargestellt, daß sich in der Kraft des Sakramentes Mann und Frau treu bleiben können, so wie Christus seiner Braut treu bleibt. Eine Ehe, die sich trennt ist kein Bild mehr für die Treue Christi zu seiner Kirche. Auch ein eheloses Leben kann nur für ein *ganzes Leben* sinnvoll, also eine ewige Jungfräulichkeit sein.

2. Christliche Ehe

Gnade der Mutterschaft

Die *Mutterschaft der Kirche* drückt sich in der christlichen Ehe aus, wo das Leben der Kirche geboren wird. Von Anfang an war von Gott vorgesehen, daß die ganze Fülle des Lebens, d.h. der ganze Mensch, aus der Ehe hervorgeht. Aber aufgrund der Sünde muß der Mensch in zwei Etappen geboren werden: durch die natürliche Geburt – und durch die Taufe, die übernatürliche Geburt. Deshalb sind auch christliche Eltern verpflichtet, das Kind zur Taufe zu bringen, weil sie den Auftrag haben, dem Kind die ganze Fülle des Lebens zu vermitteln und es in diesem Glauben zu erziehen. Das ist eine ganz tiefe Aufgabe der christlichen Ehe.

Bräutliche Liebe zu Christus

Doch auch die christliche Ehe drückt das endgültige Geheimnis der Kirche, d.h. die Brautschaft aus. Christliche Eheleute können ohne das Geheimnis der „Jungfräulichkeit", der *inneren Liebe zum Herrn,* ihre Ehe kaum bewältigen. Aus eigener Erfahrung kann ich sagen: Man muß weit gehen, bis man eine christliche Ehe findet, weil die Menschen zu wenig zu diesem Geheimnis hingeführt werden. Sie haben oft überhaupt keinen persönlichen Bezug zu Christus, so daß sie aus der personalen Liebe zum Herrn auch die Schwachheiten des Ehepartners ertragen könnten. Ohne die bräutliche, innere Liebe zum Herrn kommt es dauernd zu Kollisionen bis hin zur Ehescheidung.

Die Vorbereitung für die christliche Ehe wie für die christliche Jungfräulichkeit braucht *dieselbe* Beherrschung seiner Triebe, damit ich mich in echter Liebe meinem Ehepartner zuwenden kann und nicht in Unbeherrschtheit – dazu ist der Ehepartner nicht da! Ich brauche dieselbe Fähigkeit zur Selbstbeherrschung: das ist es gerade, was den Menschen zum Charakter–Menschen werden läßt – in voller Annahme der Sexualität: „Herr, ich danke dir für dieses Geschenk, denn ohne dieses Geschenk könnte ich auch dich nicht leidenschaftlich lieben" – daß ich ein volles Ja zu meinem Mann–Sein, zu meinem Frau–Sein sage, aber es in Beherrschung pflege, als ein Geschenk, als etwas Kostbares. Wir bräuchten alle ein Noviziat von zwei Jahren – ob wir heiraten oder nicht – das ist uns Christen kaum bewußt. Darum gibt es so wenig echte christliche Ehen.

Gnadenbild Ehe

Es ist etwas Wunderbares, eine christliche Ehe zu erleben! Da spüren wir: Auch die christliche Ehe lebt aus dem innersten und letzten Geheimnis der Kirche, dem bräutlichen Geheimnis, dieser personalen Liebe zur Person Jesu Christi. Die Ehe stellt dann dar, was Christen in der Jungfräulichkeit eigentlich schon ganz leben dürfen: die Ehe führt uns in einem sakramental–gnadentragenden Bild vor Augen, was es heißt: *der Mann soll die Frau lieben wie Christus die Kirche*. Und wie liebt Christus diese Kirche? – „Er hegt und pflegt sie", sagt Paulus (vgl. Eph 5,29). Er hält ihr die Runzeln und Falten nicht vor, sondern er stirbt für sie, um sie zu erlösen, um sie schön zu machen. Er läßt sich kreuzigen von seiner Braut! Da ahnen wir, was es eigentlich heißt: der Mann ist das Haupt der Frau in der Ehe, wie Christus das Haupt der Kirche ist (vgl. Eph 5,25–32). Dann kann auch die Frau lieben, wie eine Braut lieben möchte: sie möchte ihn allein lieben, sich an ihn verschwenden dürfen ohne Angst, sie werde irgendwann, irgendwo und irgendwie mißbraucht – sei es in der praktischen Arbeit oder im ehelichen Leben. So lieben kann eine Frau aber nur, wenn sie einen Mann hat, der sich beherrschen kann, d.h. der sie liebt, wie sich selbst, der nur ihr Bestes will. Dann kann sich eine Frau entfalten, kann sie das „Königreich" entfalten, kann fruchtbar werden. Eine christliche Ehe wird sich deshalb total unterscheiden von einer „wilden" Ehe, wo der Egoismus an erster Stelle steht. An Hand der biblischen Leitbilder spürt man, was das Sakrament der Ehe im Menschen bewirkt!

3. Christliche Jungfräulichkeit

Gnade der Brautschaft

Für die Darstellung des ganzen Geheimnisses der Kirche ist aber auch der ehelose Christ notwendig. Wenn er fehlt, ist die Kirche nur noch im sakramentalen *„Bild"* der Ehe gegenwärtig, aber nicht mehr in ihrer tiefsten *„Wirklichkeit"*. Dann ist das wahre Geheimnis der Kirche nicht mehr in dieser Zeit lebbar. Darum bedarf es der christlichen Ehe, die die Mutterschaft darstellt und es bedarf der

Jungfräulichkeit, die die *Brautschaft,* das endgültige Geheimnis der Kirche darstellt. Beides gehört zusammen, man kann es nicht trennen. Wenn beides gelebt wird, können wir einander helfen, tragen und aufbauen. Wir stoßen immer wieder auf Aussagen christlicher Eheleute: „Wir kommen sehr gerne mit ehelosen Menschen zusammen, weil sie uns daran erinnern, was kommen wird." Die „Welt" kann nicht an einer christlichen Ehe vorbeigehen, ohne zu fragen: woraus lebt diese Ehe? – Die „Welt" kann auch an einem ehelosen Christen, der seine Brautschaft glaubwürdig lebt, nicht vorbeigehen, ohne zu fragen: *woraus lebst du eigentlich?* Du bist doch allein! Dir fehlt doch etwas Wesentliches! Wieso kannst du trotzdem glücklich sein? – Wenn die Menschen hingegen von Ordenschristen weglaufen, als wären sie "übertünchte Gräber" (vgl. Lk 11,44), dann stimmt doch etwas nicht!

Die Verkündigungskraft der Berufung

Die Ordenschristen leben das *endgültige* Geheimnis der Kirche, das einmal alle leben werden. Wenn der Bräutigam kommt, um die Braut abzuholen, dann hat die Ehe ihren Dienst erfüllt. Alle werden sein wie „Engel" (vgl. Mt 22,30). Ordenschristen leben schon jetzt *real* das endgültige Geheimnis der Kirche. Auch wenn sie jetzt noch an mancher Gebrechlichkeit leiden, muß man doch an ihrem Gesicht sehen und erahnen, was man im Himmel für Gesichter macht! Die Menschen müssen sich danach sehnen, auch dorthin zu gehen! – Eine der wichtigsten Verkündigungen ist: daß die Menschen spüren und an *lebendigen Menschen* sehen, daß das lebbar ist! Vermehrte Kirchenaustritte und Hinwendung zu den Sekten mit der Begründung, da seien so freundliche Menschen, sollten uns signalisieren: Da stimmt doch etwas nicht bei uns! Wir haben uns an unsere Berufung „gewöhnt", leben so irgendwie dahin und bleiben halt treu bis in den Tod... Wenn wir nicht *aus dem Ursprung unserer Berufung*, aus dieser „ersten Liebe" (vgl. Offb 2,4) leben, so daß wir tagtäglich jeden Augenblick nutzen, damit Gott diese Berufung stärken darf, dann wird alles unglaubwürdig. Dann wird auch jegliche Verkündigung nicht mehr verstanden. Es gibt doch noch relativ viele ehelose Christen: was müßte da passieren!

Ganz frei für Christus

Wenn beide zusammen, christliche Ehe und christliche Ehelosigkeit, das Geheimnis der Kirche bilden, dann müssen auch beide einander etwas zu sagen haben. – So hat der *ehelose* Christ dem Christen in der Ehe und Welt immer wieder zu sagen und zu zeigen, daß er nicht an den Kompromissen der „Welt" untergehen darf. Wer mit den Dingen dieser Welt und deren Menschen umzugehen hat, ist immer in der Gefahr, sie zum Götzen zu machen. Der ehelose Mensch ist *ganz frei für Christus,* auch wenn er in Gemeinschaft lebt. Die in der *Ehe* lebenden Christen können den ehelosen zeigen, was man sich die Liebe zum Bräutigam kosten lassen muß. – Was lasse ich mir meine Liebe zu Christus, meinem Bräutigam, kosten? Auch den ehelosen Christen trifft die Gefahr falscher Kompromisse mit der „Welt". Die in der Ehe lebenden Christen können sich die Kompromisse nicht leisten, die ehelose Christen mitunter eingehen! – Der himmlische Bräutigam wehrt sich nicht, er duldet einfach. – Wieviele künstliche „Heizöfen" haben sich die ehelosen Christen geschaffen, wenn das eigentliche „Feuer" ausgeht – wieviel „Ersatz" suchen sie für Christus! Wenn Christus die ehelosen Christen nicht *ganz* ausfüllen kann und sie sich als „halbe

Menschen" fühlen, dann ist die ganze Ehelosigkeit ein „Schwindel". Doch wir haben so viele Beispiele, daß *Gott allein genügt,* – und ich hoffe, daß viele unter uns das bezeugen können. Ich kann mir nichts Erfüllenderes vorstellen als Jesus Christus – auch in größter Trockenheit und Dunkelheit. Ich kann mir nichts Beglückenderes vorstellen und will Ihn für nichts austauschen, weil Er mich erfüllt und ich alles andere loslassen kann, ohne es zurückholen zu müssen; ohne die Sehnsucht, es wiederzubekommen – sondern nur eine Sehnsucht habe: Ihn noch mehr zu lieben. So etwas wird die Menschen zum Denken bringen. Dort, wo wir Kompromisse brauchen, wird die „Welt" nicht nach unserem Geheimnis fragen, ganz bestimmt nicht!

Allein das Maß der Liebe zählt

Es kommt manchmal zu dem Mißverständnis, daß die christliche Ehelosigkeit den Vorrang habe vor der christlichen Ehe und höher stehe, indem man sagt: die Menschen im ehelosen Leben sind die „besseren". Es geht aber bei den verschiedenen Berufungen nicht um ein „besser" oder „schlechter", sondern um die Lebensform, die Lebensweise. Vor Gott hat jener Mensch den größeren Wert, der die *größere Liebe* hat – ob er in der christlichen Ehe lebt oder ehelos. Die Ehe ist ein Dienst auf dem Weg zur Vollendung und ist sakramentales Bild für dieses Ziel. Das Vollendete selbst ist immer das Vollkommenere: dieser Unterschied ist mit dieser Aussage gemeint. Aber es gibt keine Wertung der Berufung des Menschen, sondern jeder lebt seine eigene und hat *dieselbe Chance zur Heiligkeit.* Das Maß seiner Liebe ist vor Gott wichtig. Die Berufung ist hingegen nicht mein Verdienst, sondern ich soll sie leben als Verkündigung für die anderen. Beides, christliche Ehe wie christliche Ehelosigkeit, gründen in der Erlösung durch Jesus Christus – sonst sind beide nicht lebbar.

Verhältnis Beruf – Berufung

Wir in unseren apostolischen Gemeinschaften sind in der ganz großen *Gefahr, daß wir mit unserem Beruf unsere Berufung zudecken,* indem unser Beruf wichtiger wird als die Berufung. Dann sind wir allerdings auf dem falschen Geleise! Wenn ich für die Pflege meiner Berufung vor lauter Arbeit keine Zeit mehr habe, dann wird auch der Beruf nicht mehr „Frucht" bringen. Bedenken wir immer: Was wir beruflich tun, können viele andere auch! Viele sind arbeitslos und wären froh, sie hätten unsere Arbeit. Aber was wir als Berufung zu leben haben, das können die anderen nicht leben! Was ist das Wichtigere in unserer eigenen Gemeinschaft? Achten wir darauf, daß die Berufung wieder mehr zum Strahlen kommt, oder beschränken wir uns einfach darauf, unseren Beruf „gut" auszuüben? *Das Wesentliche für die heutige Welt ist unsere Berufung!* Wonach junge Menschen fragen, wonach sie dürsten, ist nicht mein Beruf, sondern meine Berufung, die ich lebe – das interessiert sie. Wir dürfen mit unserer Tätigkeit unsere Berufung nicht zudecken!

Für uns als apostolische Gemeinschaften scheint mir wichtig, daß uns bewußt wird: Wir bräuchten mehr „Geistpflege" und mehr Geistigkeit als kontemplative Orden. Wer viel zu geben hat, der braucht viele „Tankstellen"; eine apostolische Gemeinschaft braucht *viel Zeit für Spiritualität,* um das verkraften und schaffen zu können, was von ihr verlangt wird: zu strahlen wie die Sterne im Weltall! Wenn die Weltleute uns bedauern, weil wir so armselig aussehen und sie meinen, uns etwas schenken zu müssen, damit auch wir etwas vom Leben haben, da stimmt doch etwas nicht! Wir werden immer wieder feststellen, daß diese Lebensform *für die Welt ein Ärgernis und eine Torheit* ist. Die Lebensform der Jungfräulichkeit bleibt für ein rein diesseitiges Verständnis und auch für alle rein innerweltlichen Maßstäbe immer Torheit und Ärgernis. Solange wir auf Widerstand stoßen, haben wir immer noch eine kleine Garantie, daß wir etwas von dem leben, was Jungfräulichkeit ist. Denn die Jungfräulichkeit hat aus ihrem innersten Sein heraus *Mysterium–Charakter,* d.h. Jungfräulichkeit ist eine gnadenhafte Wirklichkeit, die nur aus dem Glauben verstanden und vollzogen werden kann.

Darum kann einer diese Berufung erst entdecken, wenn er mehr in den Glauben hineinfindet, und zwar in einen persönlichen Glauben, in eine persönliche Beziehung zu Christus. Dann erst kann er *entdecken,* daß man von diesem Christus sogar leben kann. Wenn wir also „Berufswerbung" betreiben, dann müssen wir *die Menschen tiefer zum Glauben führen,* damit sie ihre Berufung entdecken können.Ich kann diese Berufung aber auch nur im Glauben *vollziehen*: darum ist die Pflege des Glaubens so entscheidend. Deshalb gilt von der Jungfräulichkeit das Wort des Paulus: „der irdisch gesinnte Mensch erfaßt nicht, was vom Geist Gottes ist; es ist für ihn eine Torheit, und er kann es nicht erkennen, weil es geistlich beurteilt werden muß. Der geistliche Mensch dagegen beurteilt alles, wird aber selbst von keinem beurteilt." (1 Kor 2,14). Selbst in unseren Reihen, in der eigenen Gemeinschaft, kommt es immer wieder vor: Wenn einer sich tiefer mit Christus einläßt – was eigentlich alle tun sollten – wird er von den Eigenen als „schrullig" angesehen, weil die anderen nicht beurteilen können, was der einzelne im Herzen erfährt. Man kann es nicht erklären, wenn man selbst diese geistliche Erfahrung nicht gemacht hat. Sobald wir Glaubenskompromisse eingehen mit *„ein bißchen Gott und ein bißchen Welt"*, sind wir der „Welt" sympathisch. Wir hören das oft von Eheleuten ganz deutlich: „wenn unser Pfarrer sich an nichts hält, dann brauchen wir's auch nicht so tragisch zu nehmen." Ich habe noch keinen Menschen erlebt, der mit Kompromissen lebt und glücklich ist. Es ist so wichtig, in aller Klarheit seinen Glauben zu bekennen und zu leben.

Zeitgemäße Jungfräulichkeit

Am inwendigen Geheimnis der Kirche nehmen alle Getauften teil. Die evangelischen Räte sind immer ein Ausdruck dafür, daß der Himmel auf die Erde gekommen ist. Sie stellen das Geheimnis der Kirche lebendig in uns dar. Jede praktische, psychologische oder sonstige Erwägung über die Räte muß immer vollkommen von dieser Wahrheit durchleuchtet sein. Ob die Menschen in uns das Leben der Räte im innersten verstehen oder billigen oder ob sie daran Ärgernis nehmen, das ist belanglos. Im Gegenteil: je mehr die „Welt" an den Räten Ärgernis nimmt, umso notwendiger ist das Leben nach den Räten! Das ist ein Zeichen für die Wichtigkeit der Räte. Nur das *im Glauben* gnadenhaft erleuchtete Volk Gottes des Neuen Bundes kann die Jungfräulichkeit, welche die Christus–Brautschaft der Kirche darstellt, verstehen. Wer die vom Licht des Heiligen Geistes erleuchteten Augen nicht hat, ist bezüglich dieser Wirklichkeit sicht– und erkenntnis–unfähig.

Die Frage, ob Ehelosigkeit noch zeitgemäß ist, kann heute keine Rolle spielen, denn es ist jeder Zeit gemäß, das „eine Notwendige" (vgl. Lk 10,42) zu leben: nämlich Gott in ungeteilter Liebe zu dienen. Die Lebensform der *Jung-fräulichkeit ist umso zeitgemäßer, je unzeitgemäßer sie der Welt erscheint*. Die Welt bedarf umso dringender dieser Antwort der „Mönche", je mehr sie sich im Diesseitigen beheimaten will. Umso mehr ist es auch notwendig, daß wir die Räte wirklich bewußt, aus dieser ganz persönlichen Beziehung zu Christus heraus, leben. Paul Claudel schrieb einmal: „*Wo die größere Freude ist, da ist die größere Wahrheit.*" – Findet man diese Freude bei uns?! Das ist ein Ideal, an dem wir gebrechliche Menschen wirklich *täglich arbeiten* müssen, um uns von Gott zur Vollendung führen zu lassen. Da muß ich mittun! Das Wichtigste in der Mitwirkung des Menschen ist, die Zustimmung zu Christus als seine Braut in jedem Augenblick zu vollziehen. Der Bräutigam ist bereit, seine Braut zu „rüsten" und zu „bügeln"; in manchen Augenblicken brennt das Bügeleisen ein bißchen – in diesem Moment zustimmen! Das ist wichtig, damit diese Falte ausgebügelt wird – das ist das Entscheidende!

DAS MYSTERIUM CHRISTLICHER EHELOSIGKEIT

Lasset uns beten:
Herr, in allen evangelischen Räten
läßt Du uns einen Strahl
Deiner künftigen Herrlichkeit
schon jetzt aufleuchten,
die wir bei Dir haben werden.

Schenke uns Deinen Geist,
damit wir in der Klarheit Seines Lichtes
das Mysterium
Deiner verschwenderischen Liebe
erkennen und Dir in Seiner Kraft
ein keusches Leben in Treue weihen können.
Darum bitten wir Dich
durch Christus, unseren Herrn.
Amen.

1. Das Wesen christlicher Jungfräulichkeit

Worin besteht diese Berufung, dieses Mysterium? Das Wesen der Jungfräulichkeit ist das Geheimnis der übernatürlichen Liebe zwischen Christus und dem Menschen. Der Schlüssel zu einem Geheimnis ist die *Ehrfurcht*. Je mehr der Mensch in Ehrfurcht vor einem Geheimnis steht, desto mehr wird Gott ihn in die Tiefen dieser Wirklichkeit hineinführen. Geheimnis ist aber nicht irgendetwas Verschwommenes, sondern es bedeutet eine große Wirklichkeit, die der Mensch nur *nach und nach* durch das Einwirken der *Gnade Gottes* erspüren und erfassen kann. Es geht dabei um eine Wirklichkeit, die man nicht sofort mit dem bloßen Auge sehen und durchschauen kann. Ihr Wesen kann daher auch nur aus der *Liebe* verstanden werden, und zwar aus der Liebe zur Person Jesu Christi. Wie das Vatikanum bereits sagt, liegt diese Berufung auf der Ebene der *Taufe,* der *Firmung* und der *Eucharistie.* Deshalb bedarf es auch keines eigenen Sakramentes der Jungfrauschaft bzw. der Jungfräulichkeit, sondern es ist die Vollendung dessen, was bereits in der Taufe beginnt, in der Firmung gestärkt wird und in der Eucharistie unaufhörlich gegenwärtig wird: der Bund Gottes mit dem Menschen, der Bund Gottes mit Seiner Kirche, die eine jungfräuliche Kirche ist. Weil diese Berufung ganz auf der Ebene dieser drei Sakramente liegt, werden einmal *alle* in dieses Geheimnis der jungfräulichen Kirche hineingeführt – alle! Auch die, die heute den Auftrag christlicher Ehe haben und in dieser Berufung leben. Jungfräulichkeit wird das *endgültige* Geheimnis der Kirche sein. Von da her müssen wir diese Berufung verstehen lernen. Es ist die endgültige Annahme des Bundes im Verhältnis Christi zur Kirche, im Verhältnis des Bräutigams zur Braut.

Diese Berufung befähigt den Berufenen, *schon jetzt* in dieser Weltzeit auf diese Liebe Gottes in der Gegenliebe Antwort zu geben. Aufgrund der Taufe muß jeder Christ in seinem Leben einmal auf das Angebot Gottes Antwort geben und auf seine Weise auf den Bund mit Gott eingehen. Jungfräulichkeit ist eine Gegenliebe, die den ganzen Menschen umfaßt – mit Leib und Seele, wo der Mensch schon in dieser Weltzeit sich in allem total auf die *Person Jesu Christi* ausrichtet – so wie es alle einmal in der Ewigkeit tun werden.

Unterschied zur sozialen Ehelosigkeit

Hier wurzelt manchmal eine *falsche Auffassung* von christlicher Ehelosigkeit. Dazu ein Beispiel: Bei einem Gastmahl nach einer Hauseinweihung hörte ich, wie jemand mit einem Priester über das Priestertum und die Zölibatsfrage zu reden begann. Die Antwort des Priesters auf diese Frage war folgende: „Als in China Mao Tse Tung mit seinen Truppen einzog, bat Pius XII. die katholischen Missionare, auf ihrer Stellung zu bleiben und das Schicksal mit ihren Gemeinden zu teilen. Viele nicht–katholische Missionare dagegen, die Familien hatten, mußten fliehen, um ihre Familien in Sicherheit zu bringen. Wenn der katholische Missionar verheiratet gewesen wäre, hätte er auch fliehen müssen und hätte nicht bei seiner Gemeinde bleiben können...“ Wenn ich nun aber in Deutschland ein Leben lang ehelos bin, und hier nichts Derartiges geschieht wie damals in China, dann hätte ich nach der obigen Argumentation umsonst ehelos gelebt und hätte genausogut auch heiraten können! Wir spüren, daß das nicht der Grund christlicher Ehelosigkeit sein kann, nämlich daß ich bei ähnlichen Umständen unabhängig bin und – im Extremfall – mit meiner Gemeinde sterben kann. Das *kann* sehr wohl eine Folge sein, die sich aus einem jungfräulichen Leben ergibt, aber es ist nicht der *Grund* und die letzte Ursache. Die wahre Ursache ist allein die *personale Beziehung zur Person Jesu Christi.*

Wenn das nicht der Grund ist, ist es keine christliche Ehelosigkeit. Wo jemand ehelos bleibt, um einen bestimmten Dienst an den Menschen zu tun, geht es um *soziale* Ehelosigkeit, die hoch zu schätzen ist. In ihr ist aber ein tiefgreifender Unterschied zur christlichen Ehelosigkeit zu sehen. Der Sinn der Ordensberufung als solcher kann auch keine soziale Aufgabe sein. Es ist bestenfalls eine Folge aus der christlichen Ehelosigkeit, daß z.B. Schwestern für sozial geschädigte oder verwaiste Kinder dasein können. Diese Aufgabe darf aber nicht der letzte Grund für ihr jungfräuliches Leben sein. Das entspräche der eben genannten sozialen Ehelosigkeit. Christliche Ehelosigkeit besteht einzig und allein *um der Person Jesu Christi willen!* Das müssen wir klar sehen und festhalten. Christliche Ehelosigkeit ist das Mysterium dieser *übernatürlichen Liebe* zwischen Christus und dem Menschen. Argumentationen, die sich auf das Frei–Sein und das Zeit–Haben für bestimmte Aufgaben und Menschen beschränken, berücksichtigen nicht das grundlegende Wesen christlicher Ehelosigkeit, sondern beziehen sich einzig auf mögliche *Folgen* dieser Berufung. Wir müssen uns wieder neu auf das Wesen christlicher Jungfräulichkeit besinnen, das im Mysterium der übernatürlichen Liebe zwischen der Person Jesu Christi und der Person des betreffenden Menschen liegt – welch wunderbares Geheimnis!

Geheimnis übernatürlicher Liebe

Die *über*natürliche Liebe wurde uns in der Taufe eingegossen. Ihr Geheimnis leuchtet auch heute in der Lebens-
erfahrung der Christen auf. Ich denke an verschiedene
Novizen, die ich im Laufe meiner 14jährigen Tätigkeit im
Noviziat betreute: Da war ein tief–gläubiger, junger Mann,
für den es nicht leicht war, sich zum Weg des Priestertums
durchzuringen, weil er von zu Hause keine Hilfe und Un-
terstützung bekam. Als Theologe hatte er einmal einen
Kindertransport von der Caritas nach Italien zu begleiten.
In diesem Zusammenhang traf er ein kinderloses Ehepaar
aus Amerika. Es war eine Millionärsfamilie. Sie wollten
diesen jungen Theologen unbedingt als ihren Sohn adop-
tieren und versprachen ihm, sofort ihre Millionen und ihr
Geschäft zu überschreiben. Zur gleichen Zeit verliebte er
sich in die Tochter eines italienischen Professors. Als er
mit den Kindern wieder zurückgekommen war, kamen einige Tage später der Professor und seine Tochter nachge-
reist... Er erzählte mir später, daß er damals alle heimge-
schickt hätte, um Zeit zur Besinnung zu haben. Nach drei
Wochen war ihm ganz klar, daß er Christus mehr liebte als
die Millionen und das Mädchen – woraufhin er alles ablehnte. Ganz deutlich wurde hier diese übernatürliche
Liebe zu Christus als die stärkere gegenüber der natürlichen Liebe erfahren.

Wenn man die übernatürliche Liebe Gottes so *konkret
und spürbar* erfahren hat, wird man auch nicht mehr
sagen können, wie man es öfter zu hören bekommt: „Gott
kann man nicht so lieben, wie man einen Menschen liebt.
Denn diese Liebe ist nicht erfahrbar und spürbar." Das
wird man nur solange sagen, als man zu diesem *Du*
Gottes keine richtige *Beziehung* hat. Diese übernatürliche

Liebe wird oft gerade auf dem Hintergrund einer natürlichen, starken Bindung ganz konkret als die stärkere erfahren. – Andere sagten mir, nachdem sie sich in ein Mädchen verliebt hatten, daß sie darüber froh wären, weil sie dadurch erst gemerkt hätten, daß sie gar nicht heiraten könnten, weil ihre Liebe zu Jesus die viel stärkere sei. „Diese Erfahrung ist mir sehr wichtig geworden, weil sie mir die Garantie gibt, daß die übernatürliche Liebe wirklich die stärkere ist", so sagte mir einer von den Novizen. – Voraussetzung dafür ist aber, daß ich mich zuerst auf die Person Jesu Christi eingelassen habe, daß ich diese übernatürliche Liebe überhaupt einmal *erfahren* und erfühlt habe. Es geht hier nicht um die Gefühlsebene des Menschlichen, sondern um etwas, was ich – gerade auf dem Hintergrund menschlicher Liebe – in meiner *Tiefe* als sehr stark und kraftvoll erfahren kann.

Jungfräulichkeit stellt also eine Form des Gott–Gehörens dar, die noch intimer ist als jene, die allen Gliedern des mystischen Leibes eigen ist, weil es die endgültige Form des Verhältnisses Christi zu Seiner Kirche ist, die Form, die einmal allen zuteil wird, jetzt bereits aber schon lebbar ist. Es geht hier nicht um eine Wertung, sondern nur um die Aussage darüber, was diese Berufung beinhaltet. Die Berufung ist uns *für andere* gegeben. Niemand hat durch seine Berufung einen Vor- oder Nachteil. Es ist wichtig, dies festzustellen, da wir immer wieder versucht sind, vergleichend zu denken. Wir müssen unsere Augen dafür öffnen, wie Gott so wunderbare Gaben gibt – und Er gibt nicht jedem dasselbe. Er schenkt Seine Gaben für den Aufbau der ganzen Kirche, auch die Formen der evangelischen Räte.

2. Voraussetzungen christlicher Jungfräulichkeit

Freiwillig angenommen

Christliche Jungfräulichkeit ist eine *freiwillig angenommene* Ehelosigkeit. Ehelosigkeit, die nicht ausdrücklich gewollt ist, die sich vielleicht einfach aus Umständen des Lebensweges ergeben hat, oder die sogar schmerzlich empfunden wird – wo jemand beispielsweise die Eltern pflegen mußte, so älter wurde und niemanden zum Heiraten gefunden hat – diese Ehelosigkeit hat nichts mit christlicher Jungfräulichkeit zu tun; auch wenn es Christen sind, die es annehmen, daß sie von Gott jetzt eben so geführt werden. Die Liebe ist nur *in Freiheit* möglich. Es geht hier also um eine Entscheidung für Jesus Christus auf dem Hintergrund *anderer Möglichkeiten*, eine freie Entscheidung für die Person Jesu Christi.

Um der Person Jesu Christi willen

Die Ehelosigkeit muß also *um der Person Jesu Christi willen* angenommen werden, um Ihm ganz zu gehören. Die christliche Ehelosigkeit unterscheidet sich von jeder anderen Ehelosigkeit, die eventuell, wie bereits gesagt, aus ethischen Motiven oder sozialen Überlegungen heraus übernommen worden ist. Sie unterscheidet sich auch von der Ehelosigkeit, die jemand beispielsweise aufgrund seiner schwächlichen Gesundheit annimmt und als den Willen Gottes ansieht. Christliche Ehelosigkeit hingegen ist frei gewählt, um der Person Jesu Christi willen.

Ausdrücklich gelobt

Von christlicher Jungfräulichkeit sprechen wir dann, wenn sie auch *ausdrücklich gelobt* ist. Es geht hier nicht um eine Privatsache, sondern es ist eine *Lebensform,* die zugleich auch Verkündigung für das Kommende ist. Diese Lebensform wird niemandem durch eventuelle Umstände von außen aufgezwungen. Weil in ihr in greifbarer Sichtbarkeit das innerste Wesen der Kirche dargestellt wird – die ungeteilte Hingabe an ihren Herrn und Bräutigam Jesus Christus –, deshalb muß sie auch ausdrücklich – nicht stillschweigend! – gelobt werden. Sie ist ein *Ausdruck des innersten Wesens der Kirche,* das in der Lebensform der Menschen, die dazu berufen sind, offenbar wird. Die alten Kirchenlehrer und auch die heutigen Theologen sagen: „Gäbe es in der Kirche keinen Menschen mehr, der diese ungeteilte Hingabe in jungfräulicher Liebe und Gesinnung lebte, gäbe es die Kirche nicht mehr." – Und zwar deshalb, weil das Wesen der Kirche dann nicht mehr anwesend wäre. Kirche gäbe es dann nur mehr theoretisch.

Antwort auf den Ruf Christi

Wir sprechen dann von christlicher Jungfräulichkeit, wenn sie eine *Antwort auf den Ruf Christi* ist. Es ist also kein vom Menschen ausgehendes Angebot, sondern es ist die Antwort auf den Anruf Gottes, der uns *zuerst* geliebt hat. Jungfräulichkeit ist demnach kein „Müssen", sondern eine *Einladung* von Gott her: die Einladung, jetzt bereits jungfräulich leben zu dürfen. Die Berufung zur Jungfräulichkeit ist eine unverdiente, eine *unverdienbare,* eine überraschende Auserwählung aus Tausenden. Sie ist wunderbare Herablassung unseres Gottes und Heilandes, der uns ohne jeglichen Verdienst wissen läßt, daß wir Ihm ganz zu eigen sein dürfen – schon in dieser Weltzeit. Ohne andere Berufungen zu werten, muß uns einmal bewußt werden, was die Berufung zur christlichen Ehelosigkeit beinhaltet. Gleichermaßen muß auch klar gesagt werden, daß ich entsprechend der Berufung auch *Verantwortung* habe – wobei niemand bevorzugt oder benachteiligt ist.

Wo wir die Hochachtung vor *jeglicher* Berufung bewahren, werden wir auch die größere Verantwortung für diese Berufung haben, die uns zum Aufbau des Reiches Gottes gegeben ist. Es ist falsche Demut, den Wert einer Berufung zu mindern – denn sie hat nichts mit meinen eigenen Verdiensten zu tun, sondern sie ist mir auf unverdienbare Weise gegeben, als Geschenk für die Kirche, deren Glieder wir sind – genauso wie auch das Geschenk christlicher Ehe.

Der jungfräuliche Mensch wird ähnlich wie Maria, die sich in der Verkündigung ganz ihrem Gott öffnete, um in einer unerhörten *Wachheit des Geistes* Gottes Wünschen zu entsprechen. Daran wird man den jungfräulichen Christen erkennen. In dieser Wachheit wird er – mit zunehmendem Älterwerden – immer mehr wachsen: Kennzeichen des jungfräulich–keuschen Menschen. Das ist Keuschheit im weiten Sinn. Br. Leo drückt das beim hl. Franz v.A. so aus: Auf die Frage, was die größte Tugend sei, antwortet er: „Die Keuschheit.“ Worauf ihn die anderen fragten, ob nicht die Liebe die größere sei und er darauf antwortet: „Was ist denn keuscher als die Liebe?!“ *Keuschheit* heißt, alles, alle meine Anlagen, alle meine Triebe, alle meine Gesinnungen, alle meine Pläne, auf die Person Jesu Christi auszurichten – das ist Keuschheit. Und das ist die ganze Breite meines Lebens. Wenn jemand frißt statt ißt, ist er unkeusch; wenn jemand irgendetwas ein-

fach genießt und es unbedingt braucht und mit Gier danach verlangt, ist er unkeusch. Keusche, jungfräuliche
Liebe ist eine *ganz reine Liebe* zur Person Jesu Christi,
damit aber auch zu den Geschöpfen. Es ist eine reine und
keine begehrende Liebe. Deshalb wird der jungfräuliche
Mensch wie Maria in einer unerhörten Wachheit des Geistes Gottes Wünschen entsprechen; darin besteht die
Keuschheit.

3. Der Inhalt christlicher Jungfräulichkeit

Ich möchte jetzt etwas zum *Inhalt* christlicher Ehelosigkeit sagen – obwohl es kaum möglich ist, mit menschlichen Worten ein solches Mysterium zu beschreiben. Aber
versuchen wir, durch Worte und Bilder auf das Wesen hin-
zuhören. Der Inhalt dieses Geheimnisses der Liebe zwischen Jesus und dem Menschen ist *verschwenderisches
Lieben*. Sie ist ein Sich–Verschenken an einen anderen –
und zwar ohne etwas für sich zurückzubehalten. Hier
spüren wir wieder den Zusammenhang von *Hingabe* und
Jungfräulichkeit, wobei Hingabe die Voraussetzung für
die Jungfräulichkeit ist. In Gott ist dieses Verschenken
vollkommen: Der Vater verschenkt sich total an den Sohn
und der Sohn an den Vater. In der Berufung der Jungfräulichkeit sind wir *hineingenommen in das göttliche
Sich–Verschenken* und dürfen in unserer Antwort uns
selbst Gott schenken. Die Wachheit des Geistes bewirkt
dieses verschwenderische nur noch Ganz-auf-Ihn-hin-
Sein.

Inhalt der Berufung auf seiten Jesu

Ein nicht zu überbietender Wert

Der Herr bietet uns in diesem Anruf einen *nicht zu überbietenden Wert* an, denn es geht ja um das Endgültige, das wir jetzt schon leben dürfen. In Mt 13 wird dies in den Gleichnissen vom Himmelreich ausgedrückt: „Mit dem Himmelreich ist es wie mit einem *Schatz,* der in einem Acker verborgen lag. Ein Mann fand den Schatz und verbarg ihn. Dann ging er voll Freude darüber hin und verkaufte seine ganze Habe und kaufte den Acker. Ferner ist es mit dem Himmelreich wie mit einem Kaufmann, der edle Perlen suchte. Als er eine kostbare *Perle* fand, ging er hin, verkaufte seine ganze Habe und kaufte sie." (Mt 13,44–46). „Mit dem Himmelreich ist es so..." – und Ehelosigkeit leben wir ja, wie Jesus bei Mathäus sagt, um des Himmelreiches willen (vgl. Mt 19,12). Es geht also um einen ganz kostbaren, um einen unübertrefflichen Wert. Letztlich kann man diesen Wert nicht „kaufen", denn nichts ist ihm gleichwertig. Trotzdem bietet ihn der Herr uns an. Deshalb dürfen wir im Laufe unseres Lebens diesen von Gott angebotenen und geschenkten Wert wirklich als den größten Wert erfahren. – Selbst dann, wenn so große Werte wie in den vorher aufgezeigten Beispielen an uns herantreten. Aber um nicht versucht zu werden, diesen größten Wert gegen untergeordnete Werte einzutauschen, müssen wir ein *geistliches Leben* führen. Die Liebe zum Herrn muß wachsen können, denn von selbst geschieht nichts. Darum ist für das Ordensleben die konkrete *Pflege der Beziehung zur Person Jesu Christi* ganz entscheidend!

Eine nicht zu überbietende Liebe

„Eine größere Liebe hat niemand, als wenn einer sein Leben für seine Freunde hingibt" (Joh 15,13). Der Anruf von seiten Jesu drückt eigentlich die *Hingabe Jesu an uns* aus. „Er hat Sein Leben hingegeben, als wir noch Sünder waren" (vgl. Röm 5,6;8). Er bietet eine *nicht zu überbietende Liebe* an. Um dieses *Angebot* Gottes geht es im Geheimnis der Liebe zwischen Jesus und Mensch. „So sehr hat Gott die Welt geliebt, daß Er Seinen eingeborenen Sohn dahingab, damit niemand, der an Ihn glaubt, verlorengehe, sondern das ewige Leben habe" (vgl. Joh 3,16). Der Vater bietet uns in dieser Berufung Seinen Sohn und damit *alles* an – einen unübertrefflichen Wert und eine unüberbietbare Liebe.

Verheißung treuer Hirtensorge

Im Anruf Gottes ist uns *treue Hirtensorge* verheißen. Diese Berufung zeigt, was wir Gott wert sind – nämlich alles! Daraus versteht man Seine Sorge um den Menschen, wie sie in den folgenden Stellen zum Ausdruck kommt: „Ich gebe mein Leben für meine Schafe" (Joh 10,15). „...mein Leben..." und das sagt Gott! Oder bei Ezechiel 34,11–16: „So spricht der Herr zu meinem Herrn: Seht, ich selbst will nach meinen Schafen sehen und will sie gnädig heimsuchen. Wie ein Hirt sich um seine Herde sorgt am Tage, da er inmitten seiner Schafe weilt, die zerstreut waren, so werde auch ich mich um meine Schafe sorgen und sie erretten aus all den Orten, an die sie versprengt wurden am Tage des Gewölkes und der Finsternis. Und ich werde sie aus den Völkern herausführen und aus den Ländern sammeln und in ihr Land zurückführen. Ich werde sie weiden auf den Bergen Israels, an den

Bächen und auf allen Wohnplätzen des Landes. Auf die fetteste Weide werde ich sie führen und auf den hohen Bergen Israels soll ihre Weide sein. Dort werden sie ruhen auf grüner Au und auf fetten Driften weiden über den Bergen Israels. Ich selbst werde meine Herde weiden und ich selbst werde sie lagern lassen – spricht der Herr. Was verloren war, werde ich aufsuchen, was versprengt, zurückführen, was gebrochen, verbinden, was schwach ist, werde ich kräftigen, was fest und stark, erhalten. Ich werde sie weiden, wie es recht ist – spricht der Herr, der Allmächtige." All diese Texte sind auf die *Vollendung* hin gesprochen und gelten für *alle* Menschen. In der Berufung zur Jungfräulichkeit sollen wir ja das Endgültige leben, als Zeugnis, daß das Reich Gottes bereits angebrochen ist. So können wir gerade in diesen auf die Vollendung hin gesprochenen Texten die Sorge und Zuwendung Gottes erkennen: Das ist uns angeboten! Ein solcher Gott will sich um mich sorgen! Dann brauche ich auch nichts mehr festzuhalten, wenn ein solcher Gott sich um mich annimmt.

Die Kraft, dem Ruf zu folgen

Das Angebot von seiten Jesu ist zugleich die *Kraft,* diesem Anruf auch folgen zu können. Nicht umsonst sagt Paulus, daß das *Können* ausschlaggebend ist. Am Können erkennt man die Berufung, d.h. ich spüre, daß ich diesen Weg gehen darf, daß das mein Leben und meine Erfüllung ist. Es ist auch der Sinn des Postulates und des Noviziates, dieses vermeintliche Können zu prüfen. Es ist nur möglich, Klarheit über eine Berufung zur Jungfräulichkeit zu gewinnen, indem man ganz *konkret versucht,* diesen Weg zu gehen und nicht, indem man irgendetwas anderes ausprobiert. Ich muß es leben, um zu erfahren, ob ich es

„kann" und um zu spüren, ob das mein Weg ist. Im Anruf Gottes liegt gleichzeitig die Kraft, diesem Ruf folgen zu können. Und Sein Ruf lautet: „Folge mir nach!" Gott ruft nicht nur, sondern Er selbst gibt auch die Kraft, Ihm folgen zu können – das ist das *Kennzeichen der Echtheit* einer Berufung. Dies heißt nicht, daß nicht auch in verschiedenen Punkten der Berufung Versuchungen und Schwierigkeiten kommen können. Aber das gibt es genauso in der Ehe. Ohne diese Prüfungen werden wir nicht reifen und wachsen. Wesentlich ist zu spüren, daß das mein Leben ist, daß mir Jesus Christus allein genügt, daß das genau das ist, was ich suche. Nun erfährt der eine den Anruf Gottes schon vom Mutterschoß an, wie es z.B. von Johannes dem Täufer beschrieben ist. Der andere wird, wie Zachäus, von der Zollbank weggeführt. Wieder ein anderer wird vom Geschäft des Vaters weggerufen, wie Petrus. Der Herr beruft, *wen Er will und wann Er will* – zu Seiner Stunde.

Inhalt der Berufung auf seiten des Berufenen

Bereitwilliges Kommen

Der Inhalt des Geheimnisses der Liebe zwischen Jesus und dem Menschen ist zunächst ein *bereitwilliges Kommen*. Es geht dabei um ein ständiges Wachstum. Die Vollendung liegt noch nicht am Anfang. Es heißt schon bei der Berufung der Apostel, daß sie Ihm „auf der Stelle nachfolgten" (vgl. z.B. Mt 4,20; 22). Sie ließen also praktisch alles – ihren Vater, das Boot, die Mitarbeiter, am Ufer

liegen und hinter sich und folgten Ihm nach: ein bereitwilliges Kommen. Das scheint mir ganz wichtig zu sein:
daß ich diesem *Gott etwas zutraue,* mich nicht nach allen
Richtungen hin absichern will, sondern wirklich bereit
bin, Ihm zu folgen.

Liebe aus Erkenntnis

Die Liebe des Berufenen ist eine Liebe aus Erkenntnis.
Paulus sagt einmal: „Scio, cui credidi! – *Ich weiß, wem ich
geglaubt habe"* (vgl. 2 Tim 1,12). In der Berufung haben
wir diese Liebe gespürt an dem Nicht–mehr–anders–Können, obwohl ich vielleicht andere Möglichkeiten gehabt
hätte. Daran erkenne ich also in der Berufung die Liebe
des Herrn. Die nicht zu überbieten Liebe Jesu am Kreuz
wird für mich *erfahrbar* in der Berufung, wo ich nichts
anderes mehr wählen und dieser Liebe nichts gleichstel-
len kann. Auf diese Weise wird erfahren, daß die kostbare
Perle mehr wert ist als alle anderen Dinge, die ich ihret-
wegen aufgebe. Das bedeutet „Liebe aus Erkenntnis". Sie
kommt nicht aus dem Bewußtsein, daß Er mich einst so
geliebt hat, sondern aus der Erkenntnis, daß Er mich *jetzt*
so wie ich bin, trotz – ja sogar wegen – meiner Sünden an
Sich zieht, und es ist für mich ein Nicht-mehr-anders-Kön-
nen, als Ihm zu folgen – so wie ich bin.
Augustinus sagt dazu: „Du hast mich gekannt und den-
noch berufen." Darin besteht diese Liebe aus Erkenntnis.
Es geht also nicht um eine verstandesmäßige Erkenntnis
aus dem, was ich in der Schrift gelesen habe, daß Gott
mich über alles geliebt hat – sondern ich erfahre diese Berufung im *Nicht–mehr–anders–Können,* daß Er mich so
liebt, wie ich bin, daß Er mich genau so haben möchte.
Gerade darin, daß Er mich so ruft und will, wie ich bin, erfahre ich mich als der, der ich bin und erkenne gleichzei-

tig das unüberbietbare Geschenk dieses Anrufes. Das ist Liebe aus Erkenntnis: Er will mich so, wie ich bin. Wenn ich das nicht annehmen kann und Gott lieber etwas Besseres anbieten will, dann ist das reiner Egoismus, reines „Fleisch". „Fleisch" bedeutet im Griechischen den ganzen Menschen; es geht also hier um den Menschen, der sein Egoistisches sucht: „Ich möchte Gott etwas anbieten". Liebe aus Erkenntnis ist das *Erkennen, daß Gott mich so will, wie ich bin,* daß Er mich so lieben will, wie ich bin.

Übernatürliche Liebe

Auf seiten des Berufenen beinhaltet die Berufung eine übernatürliche Liebe, die aus einer *übernatürlichen Kraft* heraus geleistet wird: der göttlichen Tugend der Liebe, die uns in der Taufe eingegossen ist und die in der Annahme der Berufung zur Entfaltung kommt. „Übernatürlich" meint nicht etwas Undurchsichtiges oder Verschwommenes, das man nicht verstehen und fassen kann, sondern etwas, was über die Natur hinausgeht, was das Natürliche übersteigt. Selbst die natürliche Liebe zu einem Menschen wird überstiegen, und die übernatürliche Liebe zur Person Jesu Christi erweist sich als die stärkere.

Bräutliche Liebe

Im menschlichen Bereich gibt es ja viele Formen der Liebe: Elternliebe, Kindesliebe, Freundesliebe... Die Liebe des Menschen zu Jesus – und umgekehrt – kommt aber am ehesten dem am nächsten, was wir mit „bräutlicher" Liebe meinen. Darum wird in der Schrift auch immer wieder dieses bräutliche Verhältnis genannt: Er liebt uns, wie ein Bräutigam seine Braut liebt. Auch die Bilder vom

Hochzeitsmahl weisen darauf hin. Die Liebe von seiten des Berufenen ist also eine bräutliche Liebe. Die bräutliche Liebe ist die *selbstloseste* menschliche Liebe, weshalb sie in der Hl. Schrift als Bild für die Liebe Gottes zum Menschen gewählt ist.

Ich erinnere mich gut an ein Gespräch, das ich einmal mit einem ca. 70jährigen Herrn führte, der in seinem Alter noch von der Zeit schwärmte, die er mit seiner späteren Frau vor der Ehe erlebt hatte: eine Zeit, in der sie sich nicht berührten, die aber so erfüllt und schöpferisch war, daß er jetzt noch ganz ergriffen von dieser wunderbaren Zeit ihrer gemeinsamen Liebe war. Da wurde mir bewußt, was bräutliche Liebe bedeutet: Liebe der selbstlosesten, der reinsten Form. Dieses Bild kommt wohl dem am nächsten, was die Liebe Christi zum Menschen und die Liebe des Menschen zu Christus ausmacht.

Die bräutliche Liebe hat die *Person des Geliebten* viel stärker zum Thema, als das in der Liebe zwischen Eltern und Kindern der Fall ist: Hier spielt mitunter auch Egoismus mit. Eltern wollen ihre Kinder oft mehr besitzen, als daß sie sie lieben. Das Für–sich–haben–Wollen tritt in anderen Formen der Liebe oft stärker hervor. In der bräutlichen Liebe dagegen ist einzig die Person des Geliebten das Thema der Liebe. Hier leben beide *miteinander und füreinander* – und nicht nebeneinander. In ihr treten die beiden Liebenden am meisten aus der Stumpfheit und Gleichgültigkeit des sonstigen Verhaltens heraus, indem sie ein sehr großes *Interesse aneinander* gewinnen und sich das auch mitteilen wollen. Darum haben sie einander am Anfang auch sehr viel über ihre Liebe zu erzählen. Für einen Außenstehenden ist das alles nicht mehr verständlich und erscheint übertrieben. Mit der Zeit jedoch werden sie beginnen zu *schweigen* und werden mehr und mehr von der Sehnsucht erfüllt, nur noch füreinander da zu sein. Sie können jetzt *nicht mehr ausdrücken,* was sie empfinden. Das Wichtigste, was sie sich noch zu sagen haben, ist nur noch das Bekenntnis ihrer Liebe. Das Thema bleibt einzig die Person des anderen.

In keiner anderen Stelle der Schrift spricht der Glanz und die Letztlichkeit der bräutlichen Beziehung so anschaulich zu uns wie im *Hohelied.* Es heißt da: „Ich will aufstehen und herumgehen in der Stadt, in den Gassen und Straßen suchen, den meine Seele liebt. Ich suchte Ihn, aber fand Ihn nicht. Da trafen mich die Wächter, die die Stadt bewachten: 'Habt ihr Ihn, den meine Seele liebt, gesehen?'..." (Hld. 3,2–3). Es ist hier nur von *einem* Thema die Rede: es geht *nur um den Geliebten.* Selbst die Wächter in der Stadt sollten eigentlich wissen, wer dieser Geliebte ist. – Gibt es doch nur mehr eines, das wichtig ist – und das soll jeder Mensch wissen! – „Als ich kaum an ihnen vorbeigegangen war, fand ich Ihn, den meine Seele liebt. Ich hielt Ihn fest, will Ihn nimmer lassen, bis ich Ihn bringe in das Haus meiner Mutter, in das Gemach meiner Gebärerin." (Hld 3,4). Das war die Stimme der Braut.

Jetzt hören wir den Bräutigam: „Ich beschwöre euch, ihr Töchter Jerusalems, bei den Rehen und Hirschen der Fluren: Wecket nicht, wecket nicht auf die Geliebte, bis daß sie selbst will..." (Hld 3,5) – „Setze mich wie ein Siegel an Dein Herz, wie ein Siegel auf Deinen Arm. Denn stark wie der Tod ist die Liebe, hart wie die Hölle der Eifer. Ihre Leuchten sind feurige, flammende Leuchten. Viele Wasser vermögen die Liebe nicht zu löschen, und Ströme reißen sie nicht hinweg. Gäbe auch ein Mensch alle Habe seines Hauses für die Liebe – für nichts würde man es achten" (Hld 8,6–7). – Dieses „Wecke nicht auf die Geliebte, bis sie selbst es will" – das ist jungfräulich: gar nichts wollen, nur hüten; daß die Geliebte nur das erfahren darf, was sie erfahren möchte.

Wie die Braut das Elternhaus verläßt, so drängt auch diese Berufung zu einem ganz *persönlichen Anschluß an den Herrn,* der das Loslassen von allem eigentlich voraussetzt. Vielleicht hat sich mancher von uns im Nachhinein gewundert, wie er das alles loslassen konnte, wie plötzlich dieses Angezogen–Sein ganz stark war. Vielleicht ist es nicht einmal so negativ, daß in unseren Klöstern nicht alles schon vollendet ist – denn wir sind ja alle noch unterwegs und noch nicht am Ziel; deshalb kommen wir alle mit Fehlern und reiben uns aneinander. Menschlich gesehen könnten wir sogar sagen, daß ich meine Ehelosigkeit zu Hause besser leben könnte... trotzdem aber spüre ich in meinem Inneren, daß mein Ort nicht dort ist. Ich finde mich bereit, das weniger Angenehme als selbstverständlich hinzunehmen und spüre, daß das mein Leben ist und mein Weg. Das ist diese *übernatürliche* Liebe, das viel Stärkere, dieses Loslassen von allem anderen, dieses Alles–Verlassen, um dahin zu gehen, wo der Bräutigam ist und wohin Er mich ruft.

4. Wirkungen jungfräulicher Liebe

Der spezifische Niederschlag jungfräulicher Liebe liegt in einem Dreifachen:

In einem *Vorübergehen an den Gütern des Lebens*

In einem *Stehenbleiben inmitten dringendster Verpflichtung,* wenn Sein Ruf uns erreicht. Das muß auch ein Kennzeichen der Braut sein. – Wie oft sind wir inmitten dringendster Verpflichtungen nicht mehr ansprechbar – auch nicht von Gott! Das ist nicht jungfräulich, das ist nicht Wachheit des Herzens. Es geht darum, daß wir in allen Situationen unseres Lebens auch, wenn es einmal hastig zugeht, mit großer Wachheit des Herzens *sofort* hören können und fragen: „Herr, was willst Du mir jetzt damit sagen?" Das ist jungfräulich–keusch. Das ist bräutlich: daß es mir immer das Wichtigste ist, auf den Bräutigam zu hören. Wenn wir so den Alltag betrachten, spüren wir, wie wir darüber oft hinweggehen und uns das momentane Tun das Wichtigere ist, mit dem alles andere zugedeckt wird. Es geht dabei um eine *Wachheit gegenüber der Stimme des Bräutigams* – in *allem,* was wir tun. Das Wichtigste unseres Lebens muß diese Verliebtheit sein! Dann darf der Bräutigam zu jeder Zeit klopfen – auch in den dringendsten Verpflichtungen, denn ich bin bereit, Ihn zu hören: in meinem Inneren, durch äußere Umstände hindurch oder durch Menschen. Wenn ich dagegen ungehalten werde, ist das nicht jungfräulich, sondern ist reiner Egoismus.

In einem *Fallenlassen von allem, was man in der Hand hält, um den Blick auf Ihn zu richten.* Wir brauchen nicht zu erschrecken, wenn diese Fähigkeit bei uns noch nicht so stark ausgeprägt ist. Es geht um einen Prozeß des Wachstums – um ein ständiges Wachstum der Sehnsucht der bräutlichen Seele. Auf irgendeine Art und Weise wird auch das *Mit–Christus–Leiden–Wollen* einen Ausdruck finden, denn lieben und leiden sind nicht zu trennen: die Braut will es nicht besser haben als der Bräutigam – das ist jungfräulich–keusch. Da brauche ich aber nichts Besonderes suchen, sondern Anlaß zum Leiden werden die alltäglichen Dinge sein. Je mehr wir uns auf das *Du* des Bräutigams einlassen, umso mehr wird es uns unwohl werden, wenn alles nur noch gut und ohne Schwierigkeiten geht.

Diese Wirkungen werden wir mehr und mehr spüren. Wir brauchen sie nicht selber zu suchen. Was wir suchen sollen, ist *allein Christus*. All das werden wir auch nicht als belastend, sondern als *aufbauend und befreiend* empfinden. Wenn die jungfräuliche Liebe zur Last wird, dann stimmt etwas nicht! Wenn dieses Christus–ähnlich–Werden, dieses Sich–nicht–der–Welt–Anpassen, sondern Ihm–allein–gehören, wenn uns das zur Last wird, dann stimmt etwas an der Wurzel nicht, dann stimmt etwas an unseren bräutlichen Liebe nicht. Ich bin überzeugt: wenn wir Ordensleute den Mut hätten, uns für eine bestimmte Zeit zurückzuziehen, sobald wir spüren, daß unsere bräutliche Liebe erneuert und vertieft werden muß, wäre das äußerlich gesehen zwar ein Verlust und ein Ausfall; die Frucht aber, die sich daraus ergäbe, wäre ein unwahrscheinlicher Gewinn, und überstiege den momentanen Ausfall bei weitem. Andernfalls ist es ein kraftloses, lahmes Gehen – aber kein Leben in der wahren bräutlichen Hingabe und Liebe zum Herrn. In dieser Haltung werden wir auch kein Licht sein können, das andere anzieht.

5. Die Eigenschaften bräutlicher Liebe

Ungeteilte Hingabe

Die bräutliche Liebe ist eine *ungeteilte Hingabe:* das Sinnen und Trachten dieses Menschen ist der Herr. Die Person Jesu ist sein Sehnen und seine Erwartung und alles andere wird dem unter– und eingeordnet. Das ist, was Br. Leo mit dem Satz meint: „Keuschheit ist die höchste Tugend. Was ist keuscher als die Liebe?" – wo *alles* hingeordnet ist auf die Person des Geliebten, des Bräutigams Jesus Christus.

Ewige Liebe

Bräutliche Liebe ist darüberhinaus eine ewige. Nur die Liebe verlangt nach Ewigkeit! Alles andere sehnt sich nicht nach Ewigkeit, sondern verlangt Steigerung: wenn wir irgendetwas besitzen, wollen wir das nicht für ewig haben, sondern wir wollen nach einer bestimmten Zeit mehr oder etwas anderes haben. *Liebe verlangt nach Ewigkeit.* Deshalb ist dieses bräutliche Verhältnis zu Christus erst dann voll gegeben, wenn es auf ewig geschlossen ist: das geschieht in der ewigen Profeß. Alles andere ist eigentlich ein Widerspruch: Jungfräulichkeit auf Zeit ist ein Widerspruch in sich. Eine *Probezeit* ist sicher angebracht und richtig. Wenn aber jemand von seiner Berufung überzeugt ist, wird seine erste Profeß kein Ja sein, das auf ein Jahr beschränkt ist, sondern es wird ein Ja zum Bräutigam sein – für immer. Der hl. Thomas v.A. sagt einmal: „Die Jungfräulichkeit als Tugend schließt den mit einem Gelübde gefestigten Vorsatz ein, *immer* jungfräulich zu bleiben."

Heilige Liebe

Diese bräutliche Liebe ist eine *heilige Liebe*. Es geht hier also um die Heiligkeit des Lebens. Jungfräuliches Leben bedeutet ein Mehr an Liebe zu Christus – und darin besteht wahre Heiligkeit, in diesem immer–Mehr an Liebe. Wenn die Liebe zu wachsen aufhört, ist der jungfräuliche Mensch, der auf die höchste irdische Liebesgemeinschaft verzichtet, in der *Gefahr der Verhärtung und der Erstarrung* des Herzens, ja sogar einer inneren Abstumpfung. Wie oft erleben wir, daß Menschen nur noch äußerlich ehelos leben, aber nicht mehr innerlich jungfräulich sind.

Es ist sehr schwer, mit solchen Menschen zu leben: sie verhärten, werden starrsinnig, haben auch kein Gespür mehr für andere. Ohne Liebe kann niemand leben – und so bleibt dann nur noch die Eigenliebe. Da aber beginnt die Hölle...! Das wäre ein Zeichen von Untreue dem Bräutigam gegenüber. Untreue beginnt da, wo das Mehr an Liebe aufgegeben wird, wo man es besser haben will als Er, wo man Sein Los nicht mehr mit Ihm teilen will. Dieses Mehr an Liebe *zu Christus* hat auch ein Mehr an Liebe *zu Seinen Geschöpfen* zur Folge. Das sehen wir deutlich an Franziskus. Die ganze Schöpfung ist Leib Christi. Dieses Mehr an Liebe gilt dem ganzen Christus. Das aber wird eine reine Liebe sein – und das ist etwas Wunderbares.

Die Liebe ist der eigentliche *Beruf* des jungfräulichen Menschen. Johannes vom Kreuz läßt in seinem geistlichen Gesang die Seele folgendes sagen: „In meines Liebsten Keller war ich und trank. Seit jenen sel'gen Stunden hab ich auf diesen Feldern mich nicht mehr recht gefunden. Die Herd' auch, der ich folgt', ist mir entschwunden. Dort reicht' Er seine Brust mir. Dort lehrt' Er mich geheimes, süßes Wissen. Dort gab auch ich mich ganz Ihm und unter heil'gen Küssen schwur Treu'ich Ihm, Ihn ewig nicht zu missen. Und meine ganze Seele, all mein Hab', ist Seinem Dienst verschrieben. Nicht hüt' ich mehr die Herde, kein Amt ist mir geblieben. Mein einziges Geschäft fortan ist lieben." So drückte Johannns vom Kreuz diese Erfahrung aus – in einem Liebeslied auf Gott; und nur der Verliebte versteht es...

Eine Christus allein vorbehaltene Liebe

Diese bräutliche Liebe ist eine *Christus allein vorbehaltene* Liebe. Denken wir wieder an das Hohelied: „Ein verschlossener Garten bist du, meine Schwester, meine

Braut, ein verschlossener Garten, eine versiegelte Quelle..." (Hld 4,12). Das sind wunderbare Worte, die diese Christus allein vorbehaltene Liebe ausdrücken. Das muß sich aber auch während des Tages zeigen: ich kann dann nicht einfach alles gesehen und erlebt haben wollen, was mich von dieser Liebe entfernt und wegführt. Mein eigenes Bemühen wird darin bestehen, all das wegzulassen, was diese Liebe trüben könnte. Gerade das, was sie trübt, werden wir auch in unserem Inneren als sehr hart, als sehr verletzend empfinden.

Eine Christus gelobte Liebe

Sie ist weiters eine *Christus gelobte* Liebe. Sie ist nicht nur ein Gott–etwas–Geloben, sondern sie ist ein Gott–sich–Angeloben, also eine *geistliche Vermählung.* Im Lateinischen nennt man das in der Liturgie „desponsatio" zwischen Christus und der Kirche. Es gibt keinen Vergleich mit diesem geheiligten Vertrag, den ein Mensch unter der großen Zeugin, der Kirche, in seiner Profeß schließt. Es gibt keinen Vergleich! Die Ehe ist ein sakramental gnadentragendes *Bild* für diese Wirklichkeit. Deshalb ist schon aus alter Tradition diesen Menschen in der Sprache der Christen die Bezeichnung „*Braut*" beinahe vorbehalten – und es gibt keinen anderen, besseren Begriff, der das ausdrückt. Ich erlebe es bei jungen Menschen, die stark von Christus erfaßt wurden, daß sie von Christus als ihrem Bräutigam sprechen.

Eine strebsam aufsteigende Liebe

Sie ist eine *strebsam aufsteigende* Liebe. Damit ist das gemeint, was wir im geistlichen Leben unter *innerem*

Wachstum verstehen. Inneres Wachstum ist immer ein Mehr an Liebe – *zu jedem*. Wie jede Liebe des Menschen zu Gott ist also auch die Liebe des jungfräulichen Menschen des Wachstums und der Steigerung fähig. Deshalb könnte man folgende Stufen unterscheiden:

– *Die Liebe des Begehrens*: Das meint die anfängliche Liebe, die man spürt. Meist wird es am Anfang so sein, daß wir Jesus um unseretwillen lieben – es macht uns Spaß: Wir möchten vorwärtskommen, wir möchten für uns Gunst und Gnade erbitten, wir möchten durch die Liebe Freude gewinnen, glücklich, reif, rein, reich, ja sogar heilig werden. Das wollen *wir*... In dieser Liebe steckt noch sehr viel Egoismus. Der Blick ist noch fast ausschließlich von den *eigenen* Wünschen und Begierden gefangen.

– *Die Liebe des Wohlgefallens*, die daraus wächst. Je mehr wir anfangen zu lieben und Jesus in den Blick bekommen, umso mehr erkennen wir die ganze Schönheit und Reinheit Seines Wesens: die Art, wie Er mit den Pharisäern umgeht, beeindruckt uns, genauso auch die Behutsamkeit in Seinem Verhalten gegenüber der Ehebrecherin, Sein Takt im Umgang mit der Sünderin, die Ihm die Füße salbt – all das zieht uns an. Sein Verhalten den Kindern gegenüber freut uns... Wir stehen gleichsam als stille Beobachter allezeit bei Ihm und schauen Ihm mit wachsendem Wohlgefallen zu. – Das alles geschieht während der Betrachtung. Unser Herz fängt Feuer für Ihn: Er fängt an, sehr zu imponieren. Zugleich spürt man das Wohlige dieses Wohlgefallens. Die Liebe weckt in uns ein Feingefühl: Man beginnt, dem Bewunderten kleine Aufmerksamkeiten zu erweisen. Diese aber erfreuen uns mindestens noch so stark, wie sie vielleicht dem Beschenkten selbst gefallen. Man ist also immer noch stark auf sich selbst bezogen. Daraus entwickelt sich dann

– *Die Liebe des Wohlwollens:* Wir beginnen, Jesus wirklich gut leiden zu können. Wir sind Ihm gut gesonnen, sind für Ihn eingenommen, verteidigen Ihn gegen Angriffe, unser Urteil über Ihn fällt stets positiv aus, wir beginnen, Eifer für Ihn zu entwickeln, Ihm lang und oft Gutes zu erweisen... Eine solche Liebe ist bereits eine Kraft, welche die Liebenden oft und gern an einander denken läßt – auch während des Tages. Es treibt sie zusammen und läßt sie füreinander sorgen. Wir werden immer mehr zu Ihm gezogen. Hier wird bereits eine Vertiefung des Gebetslebens erfahrbar. Man sinnt darüber nach, wie man den Geliebten erfreuen kann, was man Ihm Gutes tun kann, wie man Ihn überraschen kann, man wird erfinderisch in seiner Liebe zu Christus: Diese Liebe trachtet danach, dem anderen zu gefallen, sich für Ihn schön zu machen (Tugendhaftigkeit im konkreten Leben). Sie will nur das, was Gott gefällt. Man leidet entsprechend unter den Fehlern. Daraus wächst dann

– *Die Liebe der Gleichförmigkeit:* Die Willensrichtungen fangen an, sich in gleicher Richtung zu bewegen. So groß ist bereits die innere Angleichung der Herzen. Das geht in dieses Nicht–mehr–anders–Können des Gehorsams hinein, wo man nur mehr das tun will, was Gott will. Der Wille Gottes gewinnt mehr und mehr an Bedeutung, er wird meine Speise: Man plant zusammen, man lebt gern zusammen, man arbeitet an der eigenen Charakterbildung, man hilft sich gegenseitig in Liebe und Freundlichkeit beim Abstellen von Härten, Ecken und Kanten des

Charakters. – Das ist jetzt alles menschlich ausgedrückt...
Dann umschließt nach und nach beide Herzen eine weitere Stufe,

– *Die Liebe der Freundschaft:* Bereits in der vorhergehenden Stufe spüren wir ein starkes Hingezogensein zum Herrn, um Seinen Willen zu erfüllen – als Grundnahrung. Hier nun sind beide bereits so sehr aufeinander eingestellt und eingespielt, daß sie miteinander und füreinander leben: Sie leben im gemeinsamen Element ihrer innigen Liebe, beglücken einander in ihrer Zärtlichkeit. Es drängt sie, sich diese Liebe immer wieder neu zu erweisen. Sie sind sogar zu schweren Opfern fähig und bereit und können auch schwierige Situationen und Leid durchstehen. Es geht hier bereits um eine starke Form der inneren Beziehung zu Christus, die schon gleichsam vor den Toren der Beschauung steht. Den höchsten Grad erreicht diese Liebe in der

– *Die Liebe der Brautschaft:* Diese Liebe ist tief und ruhig. Sie braucht nicht mehr viele Worte. Beide sind einander sicher. Sie ruhen im gemeinsamen Besitz ihrer Liebe aus und streben danach, daß sie ihren Wohlgeruch und den Reiz des ursprünglich Neuen nicht verlieren. Eine solche Liebe teilt das Leben des Geliebten ganz, dem man in allem ganz tief verbunden ist. Die Sehnsucht geht einzig dahin, das zu tun, was Er will und ganz für Ihn zu leben und es erscheint unvorstellbar, daß etwas geschehen könnte, in dem man Ihm nicht mehr folgen wollte. Es geht nicht mehr darum, den anderen zu genießen, sondern darum, den anderen zu beglücken. Man wird auch in der Trockenheit, wo man nichts mehr verspürt, weiter beten, denn man sucht ja nur noch Ihn. Dann wird eben die Zeit, die ich Ihm geben kann, zu meiner Anbetung: dann ist sie für mich das Wichtigste, das Höchste und Fruchtbarste. Man will Ihm Sein Leben und Sein Los erleichtern, alles mit Ihm tragen, um Ihm in allem Gefährte und Helfer zu sein. Solche Liebe treibt dazu, den Geliebten im Leid nicht zu verlassen, sondern Sein Leiden mitzutragen.

Demütige Liebe

Die bräutliche Liebe ist eine *demütige* Liebe. Dies ist auch sehr wichtig, denn jungfräuliche Liebe bedarf echter Demut. Demut aber ist der *Mut zur Wahrheit über sich selbst:* daß ich mich sehe, so wie ich bin. Und so, wie ich bin, hat Gott mich gerufen. Wenn ich mit mir selber immer unzufrieden bin, damit hadere, wie ich bin und am liebsten anders sein möchte, so ist das Stolz und keine Demut. Die Haltung der Demut wäre: „Herr, wenn Du mich so gerufen hast, bin ich bereit, Dich in dieser Weise, so gut ich kann, zu lieben." Wer sich immer wieder bewußt macht, daß Gott ihn trotz seiner Sünden berufen hat, bei dem wird seine Berufung durch eine wahre Demut geschützt sein. Demut ist gleichzeitg auch „*Dien–Mut*". Wie Maria, die Höchst–Erhobene zur Magd wurde, wird auch der jungfräuliche Mensch zum Diener aller. Hier kann uns ein Urteil, das man über die Nonnen von Port–Royal sagte, wirklich erschrecken, wo es heißt: „Sie sind rein wie die Engel, aber stolz wie die Teufel." Stolze Reinheit ist keine Reinheit mehr. Reinheit ist demütig. Nur demütige Reinheit kann Gott wohlgefällig sein. In diesem Zusammenhang ist auch das Wort des hl. Augustinus zu bedenken: „Wenn sie Jungfrauen sind – was nützt das unversehrte Fleisch, wenn der Geist verdorben ist? Besser eine demütige Ehe als eine stolze Jungfrauenschaft." Wir spüren, daß *Liebe und Demut* ganz eng miteinander verbunden sind. Je mehr ich die Berufung als Gabe und Geschenk Gottes sehe, umso demütiger werde ich, wenn ich auf mich selbst schaue: „Warum ging denn dieser Ruf gerade an mich, wo ich dem doch in keinster Weise entspreche!?" Wir werden nach und nach in diese demütige Liebe hineingeführt. Die stolze Liebe möchte vor Gott so dastehen, daß Er nichts an einem auszusetzen hat. Sie will Schwächen und Fehler nicht eingestehen. Das steht in klarem Gegensatz zur jungfräulichen, bräutlichen Liebe.

Die bräutliche Liebe ist ein Geheimnis. Wichtig ist, mit dem Geliebten zu leben und im täglichen Bemühen unserer Liebe zu wachsen. Trachten wir nach *wahrer Hingabe!* Bitten wir Gott, daß dieses Fundament stark und fest wird! So kann unsere Liebe aufsteigen bis hin zur bräutlichen Liebe.

DER EVANGELISCHE RAT DER ARMUT

Lasset uns beten:
Herr führe uns hinein in die Quellen
der evangelischen Armut
und laß uns aus den Wurzeln erspüren,
worum es im tiefsten geht.
Schenke uns Freude an dieser Berufung,
die zu unserem ewigen Heil führt.

Du bist uns den Weg
der Armut vorausgegangen;
den Weg der Entäußerung,
den Weg der Freiheit.
Du hast uns aufgerufen,
Dir zu folgen,
Dir, dem hauslosen Wanderprediger,
der Du hineinführst
in die Freiheit der Kinder Gottes;
der Du wegführst
von allem, was hindert,

Herr schenk uns jetzt Deinen Geist,
daß wir am heutigen Tag Deinen Anruf –
jeder in seinem ganz persönlichen Leben
und in seiner konkreten Gemeinschaft –
von Deinem Wort her erspüren können,
daß es uns eine Kraftquelle wird
und keine Belastung.
Darum bitten wir Dich,
Christus, unseren Herrn.
Amen.

Armut: ein Mysterium der Erlösung

Wir wollen dieses Kapitel der großen Freundin des hl. Franziskus widmen: der Armut. Schon oft habe ich darüber gesprochen, aber ich fragte mich immer, ob das wirklich das ist, was wir unter „evangelischer Armut" verstehen. Ich stieß eines Tages auf einen Vortrag von Dr. Barbara Albrecht, der für mich zu einer richtigen Fundgrube wurde. Zum ersten Mal verspürte ich innere Zufriedenheit darüber, wie dieses Thema dort ausgedrückt war. In meinen Ausführungen werde ich mich zum Teil auch an diese Gedanken halten.

Einleitend möchte ich an ein Ereignis während der Würzburger Synode bei der Vollversammlung am 22.11.73 erinnern. Es ging um die Vorlage „Orden und andere geistliche Gemeinschaften". Das Papier war soweit fertig und niemand rechnete mehr mit einem Einspruch, denn auch der Text klang sehr schön. Da stand ein Laie auf, ein Familienvater und Arbeitnehmer, und sagte etwa folgendes: „Ich möchte nicht mißverstanden werden; auch möchte ich nicht ungerecht oder lieblos sein, aber ich frage mich heute – vor allem, wenn ich Ordensleute in meiner Umwelt betrachte, besonders solche aus Männerorden, ob sich nicht die Kriterien der Armut mehr bei den anderen Menschen finden lassen. In der Regel ist es doch so, daß die soziale Frage bereits gelöst ist, wenn man in einen Orden eintritt. Existenzunsicherheit ist heute nicht mehr typisch für den, der in einen Orden eintritt. Armut, Verzicht, Nicht–Teilhaben an kulturellen Dingen, sozialen Möglichkeiten und Errungenschaften sind häufiger bei anderen Menschen anzutreffen: vor allem in kinderreichen Familien, bei Rentnern und Strukturgefährdeten. Ja, ich möchte sagen, wer heute mehr als zwei oder drei Kinder hat, erbringt in den meisten Fällen die Leistungen, die in der Vorlage (über Orden und andere geistliche Gemeinschaften) unter dem Stichwort „Armut" geschildert sind: nämlich Aszese, Verzicht, Einschränkung, Verzicht auf individuelle Freizeit, selbstlos sein, für Kinder und andere Menschen da sein."

Weiters sprach er noch den gesamten Lebensstil der Ordensleute an: was man ißt und trinkt; welche Autos man fährt; wie man Wohnungen und kirchliche Räume ausstattet; wohin man im Urlaub fährt... Zum Schluß sagte er: „Ich glaube, die Ordensleute haben es notwendig, gerade an dieser Stelle *ständig ihr Gelübde zu hinterfragen."*

Diese Worte hatten alle getroffen – und dieser Stachel im Fleisch, der dadurch spürbar wurde, wirkt bis heute. Seit dem II. Vatikanum und der Debatte über die Armut der Kirche fühlen sich viele Glieder der Kirche und auch Ordensgemeinschaften sehr beunruhigt – im guten Sinn. Denn mit dem Thema „Armut" ist wirklich ein Nerv des Christlichen getroffen, der anzeigt, daß im Leib Christi etwas nicht stimmt, daß Wesentliches nicht so ist, wie Christus sich seine Kirche wünscht. In diesem Zusammenhang äußerte ein Ordenspriester: *wenn die Orden nicht mehr arm sind, ist die Kirche nicht arm.* Dann sind auch alle Glieder nicht arm und geben ein schlechtes Zeugnis für Christus.

Hören wir einmal diese Aussage auf dem Hintergrund eines Gedankens, den Theresia Hauser einmal äußerte: Christliche Armut ist ein Geheimnis, weil Armut einer der Namen ist, mit denen das *Geheimnis Jesu,* das Mysterium der Erlösung umschrieben wird: „Obwohl Er reich war, wurde Er arm, damit wir reich würden" (2 Kor 8,9). Auf diesem Hintergrund wirken die Worte, die vorausgegangen sind, leuchtend und stark. Das Problem geistlicher Armut in Gemeinschaften ist also viel umfassender und viel differenzierter, als es der oben erwähnte Beitrag in der Synode meint.

1. Der Begriff „Armut"

Was ist Armut? – Meistens meinen wir die *materielle,* die soziale Armut. Das ist das erste, womit wir dieses Wort verbinden: daß ein Mensch nur das hat, was er zum Leben dringend braucht; er lebt dabei immer in ständiger Unsicherheit, weil selbst dieses *Existenzminimum* nicht gesichert ist. Eine solche Armut ist allerdings noch nicht identisch mit Verelendung. In der *Verelendung* ist auch das Existenzminimum nicht mehr vorhanden. Unter Armut verstehen wir immer wieder dieses Ringen, ans Existenzminimum kommen. Aus dem Evangelium wissen wir, daß Jesus arm war. Aber er gehörte nicht zu den Verelendeten, deren sich gerade in unseren Tagen Mutter Teresa von Kalkutta annimmt. Weil Jesus arm war, müssen Menschen, die Er in seine Nachfolge ruft, in Angleichung an Ihn auch materielle Armut in irgendeiner konkreten Weise verspüren wollen, und zwar nicht nur in den armen, sondern auch in den reichen Ländern der Erde!

Wenn man bei der materiellen Armut nicht anfängt, dann bleibt alles „ein erhabenes Gesäusel", wie Hans Urs v. Baltasar einmal sagte – es geschieht aber nichts. Armut im Geiste darf *keine reine Spiritualisierung sein,* keine Verflüchtigung in nur Geistigem! Armut wird immer mit *beidem* zu tun haben. Den „evanglischen Rat der Armut", kann man also weder nur mit dem Materiellen ausdrücken; noch nur mit dem Geistlichen – es hat mit beiden etwas zu tun. Ich tat mir immer schwer, eine konkret faßbare Grenze für die „evangelische Armut" anzugeben. Wir spüren selber: Wenn man von Armut spricht und sie immer nur von diesen Aspekten her sieht, dann faßt das den letzten und tiefsten Sinn nicht. Betrachten wir einmal die verschiedenen *Formen der Armut:*

– die materielle Armut
– die geistige Armut
– die geistliche Armut
– den evanglischen Rat der Armut

Die materielle Armut

Es gibt für uns, die wir in einer geistlichen Gemeinschaft freiwillig Armut geloben, *kein Schema* für materielle Armut. Selbst wenn wir ein Schema aufstellen wollen, wird es uns nicht so richtig befriedigen. Damit wird nicht das ausgedrückt, was eigentlich vom Evangelium her gemeint ist. Frei gewählte materielle Armut ist wirklich *keine Sache von Zentimetern und Grammen.* Die frei gewählte Armut um des Herrn willen hat viele Gesichter. Es kommt immer darauf an, wohin einer gerufen ist. Die Armut wird sich in seinem Leben *auf vielfältige Weise* und andersförmig zu verschiedenen Zeiten darstellen. Gerade als *freiwillig* übernommene Armut ist sie immer zuerst *religiöse* Armut, christliche Armut, also „evangelische" Armut. Deshalb hat sie nie das gleiche Gesicht wie die Armut derer, die in sozialer und materieller Not geboren sind oder durch Schicksalsschläge unfreiwillig darin leben müssen. Man kann und darf das nicht einfach miteinander gleichsetzen! Menschen, die in die Armut hineingeboren oder durch irgendwelche *Schicksalsschläge* hineingefallen sind, können sich keine Formen der Armut überlegen, wie wir das jetzt tun, sondern sie können nur danach trachten,ihre Armut zu überwinden.

Wir sehen, daß die freiwillig um des Evangeliums willen übernommene Armut nicht dieselbe Armut sein kann wie jene, die andere überwinden wollen und denen wir helfen, sie zu überwinden. Für die religiös–motivierte Armut wirft das wiederum die Frage nach der *Teilnahme am Leben der Armen* auf: Ist Teilnahme am Leben der Armen überhaupt für einen in einer geistlichen Gemeinschaft Lebenden möglich? Sr. Aquinata Böckmann OSB schreibt in ihrem Buch über die Armutsdiskussion im Konzil: „Auch die kleinen Brüder und Schwestern Jesu von Charles de Foucauld können dieses Leben in Armut nicht voll verwirklichen." Sie nehmen zwar am Leben der Armen teil, auch derer, die in der Verelendung sind. Sie können sich mit diesen Leuten radikal und existenziell einlassen. Aber sie wissen den *Schutz der Gemeinschaft hinter sich,* daß man sie dort nicht sterben und verhungern läßt. Deshalb kann freiwillige Armut kaum jemals so radikal sein wie die wirkliche Armut, in die Menschen hineingeboren sind, und die sie zu überwinden suchen. Wir spüren, daß man bei diesem Aspekt der materiellen Armut nicht bis ins Tiefste befriedigt wird, denn es ist unmöglich zu sagen: Wir sind dann arm, wenn wir alle verelenden und aussterben – zusammen mit den Verhungernden, zum Beispiel. Das kann nicht der Sinn der evangelischen Armut sein. Wo ist aber die Grenze? – Es ist keine Frage, daß die evangelische Armut auch damit zu tun haben muß. Aber: wie weit und wo? Auf dieser *rein materiellen* Ebene der Armut können wir das *nicht entscheiden.* Das ist auch immer das Problem, wenn man über Armut spricht, weil man zunächst ja gleich auf das Konkrete zu sprechen kommt. Die Lösung wird aber von diesem Standpunkt nie befriedigend sein.

Die geistige Armut

Unfreiheit

Auch sie hat sicher etwas mit dem evangelischen Rat der Armut zu tun. Sie kann mindestens genauso existenz–bedrohend sein, wie materielle Armut. Denken wir zum Beispiel an die geistige Armut der *Unfreiheit,* wo ich um Christi willen der Freiheit beraubt werde; diese Unfreiheit kann bis zum Tod gehen. Oder, ich lasse mich freiwillig in meiner Freiheit beschneiden: Das ist auch eine Form geistiger Armut. Wer in eine Gemeinschaft eintritt, unterstellt sich dieser Form des Sich–in–der–Freiheit–beschneiden–Lassens. Manchmal kann dies sogar ganz massiv in vielen Aufgaben, die unsere Berufung mit sich bringt, zum Ausdruck kommen.

Einsamkeit

Vergessen wir die geistige Armut der *Ungeborgenheit,* der *Einsamkeit* nicht. Für Menschen, die existentiell in diese Ungeborgenheit oder in diese Einsamkeit hineingeraten, kann das so existenz–bedrohend werden, daß sie zum Mittel des Selbstmordes greifen. Obwohl wir in einer Gemeinschaft leben, kann auch jeder in das Erlebnis der geistigen Armut der Ungeborgenheit hineingeraten. Wir können uns plötzlich in der Gemeinschaft, in der wir im Moment sind, überhaupt nicht mehr zu Hause fühlen. Vielleicht kann das sogar so extrem werden, daß wir uns von keinem mehr verstanden fühlen. Es kann geschehen, daß uns jemand sagt: Keiner von der Hausgemeinschaft ist mehr für dich. So eine massive geistige Armut kann existenz–bedrohend werden, wenn sie nicht freiwillig angenommen wird. Auch diese Form der geistigen Armut kann sehr wohl ein Aspekt des Rates der evangelischen Armut sein. Aber es ist unmöglich zu sagen: Evangelischer Rat der Armut bedeutet, daß wir immer ungeborgen sind. Was die *Ordensregeln* bestimmen, kann sich immer nur auf Rechtliches beziehen, *nicht aber auf den Geist*. Es kann beispielsweise teilweise Eigentum zugelassen sein oder jedes persönliche Verfügungsrecht ausgeschlossen werden. Derartige äußere Dinge kann eine Satzung wohl festlegen. Eine *rein äußere Norm* hat aber im Grunde nicht viel mit dem Rat der evangelischen Armut zu tun. Das kann nicht der innerste Grund für den Rat der Armut sein. Es muß also in diesem Rat eine klare Norm geben, die aussagt, was denn damit eigentlich gemeint sei.

Mangel an Wissen

Eine andere Form der geistigen Armut kann sich im *Mangel an Wissen* ausdrücken. Man kann nicht alles wissen oder man merkt vielleicht gegenüber anderen in der Gemeinschaft einen Mangel an Wissen. Es ist dabei aber sehr wichtig, daß ich das *bejahen* kann. Manchen kann das ein großes Handikap sein und der Grund für starke Minderwertigkeitsgefühle. Wenn wir diese Armut wirklich annehmen können, spüren wir, wie auch das in den Bereich evangelischer Armut gehören kann: wo ich mich freuen kann, daß andere etwas wissen, was ich nicht weiß. Wahrscheinlich spürt jetzt ein jeder, wie eifersüchtig und neidisch wir manchmal werden, wenn wir merken, daß der andere mehr weiß als ich. Mangel an Wissen ist also eine Form geistiger Armut.

Mangel an Zeit

Auch *Mangel an frei-verfügbarer Zeit* zählt zu den Formen der Armut. Wir werden bisweilen dadurch eingeengt, daß unsere Zeit von anderen Menschen bestimmt wird und nicht von uns selbst. Vielleicht bekommen wir dabei sogar das Gefühl, von den anderen „aufgefressen" zu werden. Für manche Menschen kann das wirklich bedrohend werden. Innerhalb des evangelischen Rates der Armut kann diese Form sehr wohl für bestimmte Zeiten Ausdruck meiner Lebensform sein. Obwohl es auch hier wieder falsch ist zu sagen: Mangel an freier Zeit gehört immer zum evanglischen Rat der Armut. Auch das kann man nicht als Regel aufstellen.

Mangel an Erholung

Evangelische Armut kann auch im *Mangel an Erholung* zur Geltung kommen, obwohl man diesbezüglich auch *dem Schöpfer gegenüber gehorsam* sein muß. Trotzdem wird es zu Situationen kommen, wie wir sie auch bei Jesus und den Aposteln sehen: Sie kamen nicht einmal mehr zum Essen, so groß war der Andrang der Menschenmenge. Maria und die Verwandten kamen und wollten Ihn holen, denn sie glaubten, Er sei von Sinnen (vgl. Mk 3,20 f.). Auch das kann eine Form sein, wie sich der evangelische Rat der Armut in meinem Leben ausdrücken kann.

Mangel an körperlicher oder seelischer Kraft

Für manche Menschen in der Welt ist der *Mangel an Kräften des Leibes und der Seele* ein sehr schweres Kreuz, das sie fast nicht zu tragen vermögen: wenn ihnen die körperlichen oder seelischen Kräfte fehlen und sie vieles nicht mehr vollbringen können, wie sie wollen. Das kann sehr konkret werden – vielleicht im Alter, vielleicht auch ganz unerwartet. Ganz wichtig ist auch hier: *annehmen!* Diese konkrete Form des evangelischen Rates der Armut ergibt sich aus der Christus–Nachfolge, aus dem Apostolat. Denken wir auch an den Mangel elementarster Kräfte zur Bewältigung des Lebens.

Sinnverlust

Eine noch tiefere Form dieser geistigen Armut wäre der *Sinnverlust,* wenn ein Mensch keinen Sinn mehr im Leben sieht und er auf Grund dieser Tatsache verzweifeln müßte. Das ist *die* Armut heute schlechthin, unter der die Welt wirklich leidet. Ebenso wie sie von der Verelendung befreit werden muß, muß sie auch von der geistigen Armut des Sinnverlustes erlöst werden. Denn oft haben Menschen alles, den Sinn aber haben sie verloren – und das ist ganz schrecklich.

Armut an Glaube, Hoffnung und Liebe

Ein Mensch der nicht *glauben und hoffen* kann, kann nichts mehr durchschauen. Er kann keinem Geschehen einen echten, tieferen Sinn abgewinnen und alles wird hoffnungslos. Ein solcher Mensch ist auch nicht mehr fähig, zu *lieben,* denn er muß immer und überall danach trachten, seinen Vorteil zu suchen. Von dieser Form der Armut müssen wir die Menschen befreien und erlösen und ihnen helfen, daß sie wieder zum Sinn, zum Glauben und zur Hoffnung finden. Gerade materiell reiche Menschen können so sehr arm sein. Wir alle wissen, wieviel Armut, Hilflosigkeit und Hoffnungslosigkeit sich hinter sog. reichen Fassaden verbergen können. Oft gehen gerade solche Menschen in den Tod, weil sie mit allem nichts mehr anfangen können. Diese Form der geistigen Armut hat natürlich nichts mit dem evangelischen Rat zu tun.

Die geistliche Armut

Wesen geistlicher Armut

Von ihr ist in der Bergpredigt die Rede: „Selig die Armen im Geist." (Mt 5,3) Und Lukas schreibt: „Selig, ihr Armen..." (Lk 6,20). Matthäus meint nicht wie Lukas nur die materiellen Armen, sondern alle, die *das Herz eines Armen* haben. Das Herz eines Armen haben, ist gleichbedeutend mit der *Haltung eines Kindes* vor Gott: arm sein vor Gott, demütig, klein sein vor Ihm, Kind sein vor Ihm – das ist geistliche, spirituelle Armut. Sein wie ein Kind, ungeniert, unkompliziert, gläubig und hoffend, bereit zu empfangen, sich beschenken zu lassen und zu danken – immer und überall. Das Kind fühlt sich nicht unterjocht, weil es auf andere angewiesen ist, sondern es fühlt sich im Gegenteil im Recht, sich beschenken zu lassen. Das bedeutet, das Herz eines Armen haben; „Kind sein vor Gott", wie es die kl. Therese vom Kinde Jesu formuliert. Diese spirituelle Armut hat etwas mit dem evangelischen Rat zu tun und kann in Verbindung mit der materiellen Armut gelebt werden. Ihr entspricht das *Empfangen des göttlichen Reichtums.* Diese Armut – unsere Niedrigkeit – zieht den Reichtum Gottes an! Diese scheinbar widersprüchliche Spannung gehört zu den *Grunderfahrungen* christlichen Lebens. Erst wenn wir arm geworden sind, demütig, kindlich, können wir von Gott ganz tief beschenkt werden! In der Geheimen Offenbarung ist das so ausgedrückt: „Ich weiß um deine Drangsal und deine Armut, doch du bist reich" (Offb 2,9). „Armut" bedeutet hier „geistliche" Armut: doch du bist reich!

Folgen geistlicher Armut

Eine konkrete Konsequenz aus der geistlichen Armut ist die Haltung der *Offenheit,* wie sie ein Kind hat. Sie besteht in der Freiheit von allem Anspruchsdenken, einem *Freisein von allem Begehren* und Haben–Wollen. Es ist die Offenheit, die sich beschenken läßt, und die nicht begehrt, so wie es von Eva am Anfang der Menschheitsgeschichte berichtet wird: Sie begehrte nach dem Apfel, nach der Erkenntnis, was gut und böse ist (vgl. Gen 3,4ff). Eine weitere konkrete Konsequenz dieser geistlichen Armut ist die *Freiheit von aller Profitgier,* von aller Karrieresucht. Ausdruck dafür ist weiters eine gelöste *Gelassenheit.* Der Stolze, jener, der vor Gott erwachsen sein will, der alles selber machen will, mit Gott rechnen und abrechnen will, wird nie diese Gelassenheit haben, sondern er wird immer in einer großen Spannung sein. Sehr oft wird er auch unzufrieden sein und ein massives Anspruchsdenken in sich spüren. Gelöste Gelassenheit und Zufriedenheit sind bezeichnend für die Haltung geistlicher Armut. Auch eine *vorsehungs–gläubige Sorglosigkeit* angesichts der Dinge und der vielen Möglichkeiten in dieser Welt und in unserem Leben weisen darauf hin. Das sind ganz wunderbare, tiefe Konsequenzen geistlicher Armut, die ebenfalls mit dem evangelischen Rat der Armut verbunden ist. Man kann wohl an dieser Haltung erkennen, ob ein Mensch wirklich in der *inneren Freiheit* der Armut lebt. Geistliche Armut wird sogar dort lebbar, wo ich geistige oder materielle Güter besitze, ohne mich auf sie zu stützen: z.B. auf Geld, Eigentum, eigene Kraft, eigenes Können. Ich habe diese Dinge in kindlicher Weise, verwalte sie, gebrauche sie – aber in einer offenen Freiheit und nicht, um daraus etwas zu „machen". Das entspricht dem „alles" haben und gebrauchen als hätten wir es nicht, wie der hl. Paulus sagt (vgl. 1 Kor 7,29–31). Gemeint ist *jede* Art von Reichtum – bis hin zum *geistlichen Reichtum.* Gerade darin müssen wir hellhörig werden, denn wir sind oft in der Gefahr, geistliche Reichtümer anzusammeln und das alles nicht mehr loszulassen, weil wir meinen, wir dürften nicht mit Nichts ans Ziel kommen, so wie der Schächer, der gar nichts mehr hatte. Aber wenn wir so beladen sind, werden wir nicht durch die schmale Pforte hindurchkommen!

Haltung des Teilens

Seien wir großzügig – gerade, was diese geistlichen Reichtümer anbelangt! *Verschwenden* wir alles, was wir an Gutem tun – z.B. durch unser Gebet – sofort an die Armen, das sind die Sünder. Verschwenden wir jedes Gebet sofort an sie, damit wir selber keine eigenen Schätze in unserem Rucksack anhäufen, der uns dann hindert, durch die enge Pforte zu kommen! Haben wir keine Angst, denn dann wird es uns wie dem Schächer gehen. Immer noch ist es mein Wunsch, am Ende meines Lebens das Empfinden des Schächers haben zu dürfen, nämlich das *radikale Nichts–Haben* und Nichts–Besitzen – verbunden mit einem totalen Angewiesen–Sein auf die Barmherzigkeit Gottes. Ich rate daher noch einmal, mit allen geistlichen Gütern verschwenderisch zu sein! Geistliche, spirituelle Armut meint auch die *Haltung des Teilens.* Gemeint sind damit jene, die nicht nur das Herz eines Armen haben, sondern auch ein *Herz für die Armen:* Sie teilen, was sie haben. Es spielt keine Rolle, ob das materielle oder geistige Mittel oder geistliche Gaben sind: Begabung, Kraft, Zeit, Liebe.

Es geht um das Teilen- und Mitteilen-Können, das

Nichts–für–sich–Behalten. Auch da erleben wir uns oft sehr reich: Vielleicht wollen wir oft gute Gedanken ängstlich für uns behalten, damit nicht ein anderer sie positiv für sich gebrauchen kann und wir dann vielleicht nichts mehr zu sagen hätten. Teilen heißt, dem anderen an *allem* Anteil zu geben; an allem, was ihm hilft, seien es geistige oder geistliche Werte. Mit ein Grund für eine geistliche Gemeinschaft ist, daß wir einander unsere geistlichen Erfahrungen mitteilen. Paul VI. schreibt (Evangelii Nuntiandi): „Gibt es im Grund eine andere Form der Verkündigung des Evangeliums als die, wo einer dem anderen seine *persönliche Glaubenserfahrung mitteilt?"* Wir sehen, daß die Briefe der Apostel und ebenso die Apostelgeschichte zu einem großen Teil Verkündigung persönlicher Glaubenserfahrung enthalten. So werden wir als Gemeinschaft aufgebaut und so kann der Leib Christi unter uns lebendig werden!

Darüberhinaus gibt es selbstverständlich Dinge, die zwischen Gott und mir eine Art Geheimnis sind und die man normalerweise nicht ausdrücken kann. Darum geht es hier aber nicht. Hier geht es um Glaubenserfahrungen, die mir geschenkt sind, *um anderen damit zu helfen –* als eine Form der Verkündigung des Evangeliums. Auch der andere soll derartige Erfahrungen machen und in die Erkenntnis Gottes kommen. In manchen religiösen Gemeinschaften würde sich ein stärkeres geistliches Leben und ein viel lebendigerer Glaube entfalten, wenn der Gehorsam zur Kirche da wäre und man dem Aufruf Papst Paul VI. folgen würde. Oft erleben wir gerade bei der Verkündigung solcher Glaubenserfahrungen, wie andere Menschen im Herzen getroffen werden. Wenn wir etwas nicht mitteilen wollen, sollten wir immer prüfen, ob das nicht aus unbewußtem Neid kommen könnte, der verhindern möchte, daß ein anderer auch „auf die gleiche Spur kommt". Die geistlich-spirituelle Armut drängt, wenn sie echt ist, auch zur Armut im materiellen Sinn. *Geist und Praxis der Armut sind nicht trennbar:* Die Praxis muß vom Geist der Armut beseelt sein und der Geist der Armut muß sich in der konkret spürbaren Wirklichkeit ausdrücken.

Der evangelische Rat der Armut

Was verstehen wir nun unter dem evangelischen Rat der Armut im engeren Sinn? Wie verhält er sich zu den drei genannten Formen der materiellen, geistigen und geistlichen Armut? *Alle drei* Formen haben etwas mit unserem Versprechen bzw. Gelübde zu tun. Konkret bedeutet das: Der evangelische Rat der Armut setzt einen *besonderen Ruf des Herrn* voraus: „Komm, folge mir nach!" Auf diesen Ruf hin ließen die Jünger ihre Netze, ihren Beruf, ihre Familien, ihre Heimat zurück und folgten Ihm nach. – Sie folgten aus Liebe dem für uns freiwillig arm gewordenen Herrn. Im evangelischen Rat der Armut geht es um die *Nachfolge.* Die Armut ist nicht Ziel, sondern sie ist immer *Weg.* Sie ist eine spürbare und erfahrbare *Form* des Nachfolgegehorsams.

Ich folge dem Ruf „Komm, folge mir nach!" und nehme alles an, was sich auf diesem Weg ergibt. Dabei kann sich ganz massiv geistliche, geistige oder materielle Armut ergeben: wenn ich z.B. in die Mission komme und dort bettelarm bin, während die Mitschwestern in Deutschland alles haben, was sie brauchen. Für mich aber ist das jetzt eine Form, eine Gestalt des Nachfolgegehorsams: Ich nehme alles auf mich, was mit der Nachfolge des Herrn verbunden ist. Das Versprechen des evangelischen Rates der Armut beinhaltet die Bereitschaft, alles auf sich zu nehmen in der Nachfolge dessen, der nicht wußte, wohin er sein Haupt legen sollte.

Das kann einmal Entsagung sein und bestimmte Bereiche meines Lebens ganz konkret treffen: Bereiche äußerer, geistiger und auch geistlicher Art. Es kann Enteignung von allem Gepäck sein, das für die Nachfolge hinderlich ist: vielleicht muß ich *materielle Dinge* hinter mir lassen, von denen ich mich lösen muß oder sie mir einfach genommen werden. Es können auch *geistige Dinge* sein: daß ich z.B. trotz meiner Ausbildung aus der momentanen Not heraus irgendwo anders gebraucht werde, wo meine Qualifikation nicht ausgenützt wird. Wichtig aber ist, daß ich dann Ja dazu sage. Die Armut kann in meinem Leben eine *dauernd wechselnde Form* haben, die sich jeweils aus dem Nachfolgegehorsam ergibt. Sie kann in dem Sinn nie festgelegt werden, denn in diesem Fall wäre die Armut Ziel und nicht Weg. Sie ist ein Weg, der mir hilft, Christus in allen Situationen nachzufolgen.

Es geht um weit mehr als nur um Verzicht auf z.B. ein Verfügungsrecht oder eine Entscheidungskompetenz in materiellen bzw. finanziellen Dingen. Evangelische Armut verlangt, daß ich *alles,* was sich aus einer bestimmten Tätigkeit oder aus einer bestimmten Aufgabe in der Nachfolge plötzlich ergibt, in Bereitschaft selbstverständlich *annehme.* Es geht um ein *spezifisches Verhältnis* zu Jesus Christus und damit um eine individuelle Beziehung zu den verschiedenen Dingen und den unterschiedlichen Armen. Je nachdem, in welche Situation ich komme oder welchem Armen ich begegne, wird von mir auch die *entsprechende* Armut gefordert. Der Berufene verlangt in brennender Sehnsucht durch Ihn und mit Ihm und in Ihm nach dem ewigen Leben, nach dem dreieinigen Gott, der alles in allem ist. Evangelische Armut ist *andersartig* als die geistliche Armut.

Der evangelische Rat der Armut ist *nicht fixierbar.* In dem Maß, wie ich mich Christus anschließe und Ihm entschieden nachfolge, wird sich der Rat der Armut in der konkreten Gemeinschaft ausprägen. Aus der Nachfolge, aus der Tätigkeit oder aus der konkret gebildeten Gemeinschaft, werden sich für mich Formen von Armut ergeben, die ich nicht berechnen oder mir vor–nehmen kann, weil sie plötzlich kommen und sich *aus der jeweiligen Nachfolgesituation* ergeben: in der konkreten Hausgemeinschaft, im konkreten Land, in der konkreten Aufgabe. Sogar am selben Ort wird dies individuell von Person zu Person verschieden sein.

Bei *Paulus* können wir die vielfältig wechselnden Konsequenzen der Nachfolge sehr deutlich sehen: Er hat es verstanden, *im Überfluß zu leben, aber auch in tiefster Armut,* in Hunger, Nichts–Haben und in Blöße (vgl. Phil 4,12). Er folgt Christus, läßt sich von Ihm führen: Als sie zu Ehren des Herrn Gottesdienst feierten und fasteten sprach der Heilige Geist: Wählt mir Barnabas und Paulus zu dem Werk aus, zu dem ich sie mir berufen habe. Da fasteten und beteten sie, legten ihnen die Hände auf und ließen sie ziehen (Apg 13,2–3). Würden wir das auch tun? Auf ein prophetisches Wort hin...? – Paulus schreibt übrigens im Brief an Timotheus: Laß die Gnadengabe, die dir durch prophetisches Wort und durch Handauflegung gegeben wurde, nicht brach liegen (vgl. 1 Tim 4,14). Timotheus muß demnach durch ein prophetisches Wort zum Bischof erwählt worden sein, worauf ihm die Ältesten die Hand auflegten. Auch Paulus wurde geführt, wobei er vorher nicht wissen konnte, wohin der Weg gehen würde, und entsprechend waren jeweils andere Formen der Armut von ihm gefordert: oft eine geistige Armut des Verachtet–Werdens oder die Armut der Unfreiheit, des Eingekerkert–Seins, die Armut des Ausgesetzt–Seins auf hoher See oder des Geschlagen–Werdens.... Er konnte die verschiedenen Formen nicht auswählen. Er leistete dem Ruf Gottes Folge und nahm alles an, was sich daraus ergab. Der evangelische Rat der Armut meint genau das: Lernen, im Überfluß zu leben, ohne an ihm zu hängen und ohne ihn zu mißbrauchen, aber auch lernen, Mangel zu leiden. Man muß beides können. Ich meine, darin liegt eine wirklich befriedigende Aussage darüber, was mit dem evangelischen Rat der Armut gemeint ist. Vielleicht ist es manchmal schwerer, im Überfluß zu leben und es zu lernen, mit ihm richtig umzugehen, als nichts zu haben und die Armut ganz konkret zu verspüren.

2. Der Ursprung evangelischer Armut

Das Evangelium der Armut

Ist uns noch bewußt, daß evangelische Armut ihren Ursprung wie auch ihr Richtmaß und ihr Ziel im *Evangelium* hat, also in einer einzigartigen *Freudenbotschaft* – und nicht in einer „Verzichtsbotschaft"? – *Gott selbst* ist in Seinem Sohn um der Menschen willen, um der Armen willen, um unseretwillen, Mensch geworden. Er selbst ist *freiwillig arm geworden,* um in unsere arme Welt einzugehen. Er wurde arm, er wurde „sündig": Er ist für alle „zum Sünder geworden" (vgl. 2 Kor 5,21). Er, der reich war, wurde arm (vgl. 2 Kor 8,9). Er ist uns Armen, die wir in Finsternis und Schatten des Todes sitzen, in dem armen Jesus von Nazaret in allem gleich geworden, ausgenommen der Sünde (vgl. Hebr 4,15; Phil 2,7). Genau das ist auch der Grundansatz für den evanglischen Rat der Armut.

Die Armut der Menschwerdung

Es ist Ursprung und Quelle der Frohbotschaft, das *weihnachtliche Festgeheimnis* also, mit dem jede Gestalt evangelischer Armut theologisch und spirituell zu tun hat. In den Advents– und Weihnachtsliedern kommt das ganz klar zum Ausdruck. Nur singen wir diese Lieder allzu oft einfach nur noch aus Gewohnheit, ohne diese Tiefe wirklich noch mitzuhören. Fast all diese Texte verweisen auf das Geheimnis der Armut des menschgewordenen Gottessohnes, an dem die Hirten stellvertretend für die ganze erlösungsbedürftige, arme Menschheit, teilnehmen. Wir selbst sind diese Armen, die Verlorenen, die Gottes Sich–arm–Machen erflehen: z.B.: „Komm, o komm, Emmanuel, mach frei Dein armes Israel. In Sünd' und Elend weinen wir und fleh'n und fleh'n hinauf zu Dir!" Und Gott antwortet in einem anderen Lied: „Zu Betlehem geboren im Stall ein Kindelein. Gibt sich für uns verloren, gelobet muß es ein." Oder: „Des ewigen Vaters einzig Kind jetzt man in der Krippe findt. In unser armes Fleisch und Blut entäußert sich das ewige Gut..." Oder: „Entäußert sich all Seiner Gewalt, wird niedrig und gering. Nimmt an ein's Knecht's Gestalt, der Schöpfer aller Ding'..." Immer wieder geht es hier um dieses *Arm–Werden Gottes um der Armen willen,* und eines ist diesen Liedern gemeinsam: es geht ihnen im Grunde nicht zuerst um das Kind, schon gar nicht um unsere arme Welt, die gleichnishaft in der Krippe und im armen Stall dargestellt ist, sondern vielmehr geht es zuerst um das *Geheimnis des Vaters,* um das Geheimnis Seines Ja–Wortes zur Armut, zum Loslassen des Liebsten, zur Hingabe Seines einzigen, geliebten Sohnes, Seines ganzen Reichtums – aus Liebe zu uns Armen. Das ist dieses hintergründig anwesende Geheimnis von Weihnachten und all dieser Lieder und Texte.

Denken wir an den Text: „Der Seinen eigenen Sohn nicht schonte, sondern Ihn für uns alle dahingegeben hat, wie sollte Er uns mit Ihm nicht alles schenken?" (vgl. Röm 8,32). Alles – und das ist Er selber: Das ist die *Entäußerung Gottes,* die im Weihnachtsgeheimnis zum Ausdruck kommt – dieses Arm–Werden des Vaters. Gott, der Vater, hat sich für uns arm gemacht. Wenn wir die Bilder der *Gaben der drei Weisen* nehmen: Gold, Myrrhe und Weihrauch, so könnte man sagen: Durch den reichen Goldgrund des weihnachtlichen Geheimnisses schimmert gleichsam das Myrrhen–Geheimnis der Armut des Vaters hindurch, von dem der Sohn, der am Herzen des Vaters ruht, uns als Menschgewordener Kunde gebracht hat (Joh 1,18), wie die Schrift sagt. Das Gold drückt das Leuchten aus, das Herrliche, das uns geschenkt ist. Die Myrrhe steht für die Bitterkeit, die dahintersteckt, das Verschenkt–Sein, das, wo der Vater in die Armut geht, um uns in den Reichtum zu führen: „So sehr hat Gott die Welt geliebt, daß Er Seinen einzigen Sohn für sie dahingab" (Joh 3,16). Das Geheimnis der Armut des Vaters ist ein *Liebesgeheimnis.* Menschwerdung heißt für den Vater konkret, dem Sohn die Grenzen und Begrenzungen des Menschseins auferlegen zu müssen: Ihn als Sohn armer Leute in einem winzigen, unbedeutenden Dorf geboren werden und dreißig Jahre in der Verborgenheit und Gewöhnlichkeit arbeiten lassen zum *Zeichen für Seine wahre Armut.*

Die Armut im Wirken Jesu

Die freiwillige Armut, die der Vater sich aus Liebe zur Welt selbst auferlegt, besteht auch darin, daß Er Seinen menschgewordenen Sohn in die Reihe der Armen, der Sünder stellt, und Ihn dann von Johannes dem Täufer die *Bußtaufe zur Vergebung der Sünden* erbitten läßt: „Laß es geschehen, weil der Vater es will!" sagt Jesus zu Johannes (vgl. Mt 3,15). Zuerst geschieht das Sichtbarwerden der Armut des *Vaters,* der dem Sohn die Begrenztheit des Mensch–Seins in der Reihe der Armen auferlegt. Gerade in dieser *befremdenden Gestalt von Armut und Erniedrigung* bestätigt der Vater den Sohn – in der Taufe am Jordan. Zu dem Zeitpunkt, als Er sich als Sünder in der Reihe der Sünder taufen läßt, genau da bestätigt der Vater Seinen Sohn in der Erniedrigung, in der Gestalt der Armut, in der Gestalt dessen, der alle Sünde auf sich genommen hat, der sich *für uns zum Sünder gemacht* hat, wie Paulus es sagt (vgl. 2 Kor 5,21). Hier bekundet der Vater Seine Einheit mit dem Sohn und salbt Ihn mit dem Hl. Geist: nicht nur auf Tabor, sondern auch hier.

Als der Arme soll er nun seine öffentliche Sendung zu den Armen beginnen, um ihnen das Evangelium vom Himmelreich zu verkünden. Im Verlauf dieser Sendung nimmt die *Armut des Vaters immer neue Formen* an: Indem der Vater den Sohn nicht schont, schont Er sich selbst nicht. Im menschgewordenen Sohn mutet der Vater sich selbst das *Nicht–angenommen–Werden,* ja sogar das *Scheitern* zu. Er, der Vater, kommt in Seinem Sohn in Sein Eigentum und die Seinen nehmen Ihn nicht auf (vgl. Joh 1,11). Gott steht in Seinem Sohn draußen, vor der Tür – ein wirklich Armer. Denken wir an die *Herbergssuche,* die dafür nur ein schwaches, anfängliches Zeichen ist, wo Er selbst in Josef und Maria draußen steht. Oder der *Verzicht des Sohnes auf die reichen, sensationellen Mittel* zur Bekehrung der Massen, wie sie der Versucher bei der Versuchung in der Wüste ja anpreist (Vgl. Lk 4,1–13). Als Seine Sendung beginnt, zeigt Ihm der Teufel ganz großartige Wege, um verkündigen zu können: wie die Menschen herbeiströmen würden, wenn die ganze Wüste plötzlich voll von Brot wäre oder wie beeindruckend es für die Masse wäre, wenn Er sich von der Zinne des Tempels stürzte. Jesus aber lehnt die vom Teufel angebotenen sensationellen Mittel zur Bekehrung der Menschen ab: denn der Vater hat die Mittel der Armut gewählt, die Mittel des Unscheinbaren, der Verachtung, des Leidens, des Todes. Das ist der Weg der Erlösung, den der Vater gewählt hat. Daher will der Teufel Ihn auch genau davon wegbringen. Jesus jedoch bleibt der Armut des Vaters gehorsam: Der Sohn tut nur das, was der Vater will (vgl. Joh 5,19).

Die Armut des Kreuzes

Das Geheimnis der freiwilligen Armut Gottes des Vaters, erreicht seine abgründige Tiefe im *Leiden und Sterben Jesu*. Gott entfremdet sich in der Gottverlassenheit Jesu am Kreuz sich selbst und wird ganz arm. Das ist für uns etwas nicht Nachvollziehbares: Gott selbst geht in die Entfremdung, entfremdet sich selbst Seinem Sohn. Ein tiefes Mysterium! Der Vater hätte Ihm in der Situation des Leidens und Sterbens Millionen von Engeln zu Hilfe schicken können (vgl. Mt 26,53) – und Er tat es nicht! Er läßt es geschehen, daß die Leute auch noch Ihn, den Vater verspotten: „Wir wollen einmal sehen, ob Elias kommt. Mag Gott ihn doch retten, wenn er Gottes Sohn ist!" (vgl. Mk 15,36b) Damit ist ja der Vater verspottet! Er kommt nicht. Er hat einen anderen Weg gewählt und läßt sich verspotten. Es ist eine Herausforderung an den Vater: „Dieser hier hat ja gesagt: Ich bin der Sohn *Gottes.*" Am Kreuz zeigt sich erneut nicht nur die Armut des Sohnes, sondern gerade auch die des Vaters. Wiederum benutzt

Gott bis in den Abgrund des Todes hinein nicht die reichen Mittel Seiner Macht, um die Welt zum Glauben zu bringen, sondern Er braucht dafür die *Armut bis hinein in den Tod,* bis zum Tode Seines Sohnes am Kreuz. Da geschieht überhaupt nichts Überwältigendes – sondern das ist ein reines Zeichen der Armut. Indem der Vater *sich Seines Sohnes berauben läßt,* sagt Gott aus Liebe zu uns Armen Ja. Er sagt Ja zu einer Armut, die Ihn selbst als Leiden trifft. Und von diesem Leiden Gottes können wir uns keine Vorstellung machen. Der Vater ist der auf Seine göttliche Weise Entblößte, der Beraubte, der auf Seine göttliche Weise Leidende und vom Sohn Verlassene. Er selbst ist in Menschwerdung, Leiden und Tod Seines Sohnes der arme Gott, der freiwillig arme Vater – und Er ist es als erster.

Die Einheit Jesu mit der Armut des Vaters

All das ist letztlich eine Konsequenz aus der bleibenden *Einheit von Vater und Sohn.* So kann nicht nur der Sohn sagen: Ich und der Vater sind eins, sondern auch der Vater sagt: Ich und der arm gewordene Sohn sind eins. Wenn Jesus dem Philippus auf die Frage nach dem Vater antwortet: „Wer mich gesehen hat, hat den Vater gesehen" (vgl. Joh 14,9b), so schließt das ein: Wer mich arm gewordenen Sohn sieht, sieht den Vater, der sich für euch freiwillig arm gemacht hat, indem Er mich dahingab. Jeder sagt in Seiner Weise Ja zur Armut, der Vater wie auch der Sohn – immer in der Einheit des Willens und Wesens: der Vater auf *göttliche,* der Sohn auf *menschliche* Weise; der Vater, der den Sohn dahingibt – und der Sohn, der sich dahingeben läßt: Ich gebe mein Leben freiwillig hin. Niemand kann es mir nehmen (vgl. Joh 10,17–18). Die konkrete Einheit von Vater und Sohn *in der Liebe* ist im Blick auf unsere Erlösung zugleich Ausdruck Ihrer ganz konkreten Einheit *in der Armut.* So kann man im Blick auf den Ursprung der evangelischen Armut sagen: Evangelische Armut beginnt in diesem Sinn im *Himmel.* Es ist eine Armut nicht um des Vaters und des Sohnes willen, erst recht nicht um der Armut willen, sondern *um der Armen willen,* um unseres Heiles willen, damit wir reich werden, damit wir des Reiches Gottes, der seligen Gemeinschaft mit dem dreieinigen Gott wieder teilhaft werden. Deshalb ist evangelische Armut eine frohmachende Botschaft. Sie beginnt im Himmel! Es ist eine Armut *um „uns Armen"* willen. Wieder erkennen wir, daß gerade in der Berufung zur Christusnachfolge, zum Leben nach dem Evangelium, sich die Armut aus den ganz konkreten Situationen ergibt: aus der konkreten Gemeinschaft, in der ich lebe und in die ich hinein berufen bin, aus der konkreten Aufgabe des Alltags, wo ich um der Armen willen, denen ich diene, gerade auch um der Sünder willen, die ich zu Gott führen soll, diese Armut erlebe und erleide.

3. Das Richtmaß evangelischer Armut

Das Vorbild der Armut Jesu

Was für den evangelischen Gehorsam gilt, gilt ebenso für die evangelische Armut: „Wie mich der Vater gesandt hat, so sende ich euch" (Joh 20,21b). Der Vater hat Ihn hinein gesandt in die Armut, ist selbst arm geworden in Ihm, und so sendet Er jetzt auch uns. Wir sollen also die Sendung Jesu übernehmen, der arm geworden ist um der Armen willen. Das ist unsere Sendung. Der Vater hat Seinen Sohn in Armut gesandt, hat Ihn zum Knecht gemacht, zum Sklaven. So sendet Jesus Seine Jünger als Knechte. Paulus schreibt ja: „Ich, Knecht Jesu Christi" (vgl. Röm 1,1). Sein Bespiel ist ihr einziges Richtmaß. *Das Beispiel Jesu* ist auch für uns das *einzige* Richtmaß. Jesus Christus ist unser Beispiel. Er sagt selbst: „Ein Beispiel habe ich euch gegeben, damit auch ihr tut, wie ich getan habe" (Joh 13,15). Das gilt für alles, nicht nur für die Fußwaschung, die bereits das Zeichen des Knechtes ist, Zeichen der Verdemütigung, Zeichen der Armut. Jesus fährt fort: „Der Knecht ist nicht größer als sein Herr; ein Gesandter nicht größer als der, der ihn gesandt hat. Wenn ihr das wißt – selig seid ihr, wenn ihr so tut." (Joh 13,16 f.). Das *Wissen* allein genügt nicht. Wichtig ist das *Tun!* Die Worte Jesu gelten nicht nur den zwölf Aposteln, sondern der *Jüngerkreis* ist nach Prof. Heinz Schürmann ebenfalls *Urbild für den späteren Rätestand.* Dieser *gemeinsame Ursprung* fordert die Armut als Richtmaß für die Nachfolger der Apostel *und* für die, die in die persönliche, „charismatische" Nachfolge berufen sind – und das ist das Leben der Räte. Dazu ist man nicht bloß von Amts wegen berufen. Wie sieht nun dieses Richtmaß der Armut Jesu aus, an dem wir uns orientieren sollen?

Kennzeichen der Armut Jesu

Freiwillige Armut

Die Armut Jesu ist freiwillig. Sie ist der *freiwillige Verzicht auf Seine Herrschaft* und auf die göttliche Herrlichkeit, die Er beim Vater hatte, ehe die Welt war (vgl. Joh 17,24). Der Sohn tauscht Seine Lebensweise im Himmel gegen die Lebensweise der Armen auf dieser Erde, gegen die Lebensweise der Sünder ein. Er tut das, um die Armut an der

Wurzel zu heilen und zu verwandeln. Er selber steigt hinab in diese Armut der Sünder und macht sich selbst „zum Sünder", um uns Heil zu schenken.

Armut allein aus Liebe

Jesus wählt die Armut allein aus Liebe: aus Liebe *zum Vater,* aus Liebe *zu den Menschen.* Während der 30 Jahre in Nazaret unterzog sich der menschgewordene Sohn Gottes harter menschlicher Arbeit und lebte das Leben des Alltäglichen, einfach und bescheiden. Seine Armut war keine Bettelarmut, sie war in Nazaret offenbar die *Armut der Gewöhnlichkeit,* der Unscheinbarkeit, der Eingliederung in das Milieu Seiner Umwelt. Während der drei Jahre Seiner Wirksamkeit verschärfte sich Seine Armut, denn Er tauschte Seine irdische relative Geborgenheit in Nazaret gegen die *Lebensweise eines Armen* ein, der nicht wußte, wohin er sein Haupt legen sollte (vgl. Mt 8,20), der ungesichert, ohne Rückhalt und ohne Absicherung für morgen und übermorgen nur von dem lebte, was der Vater Ihm als das tägliche Brot heute gewährte. Das konnte einmal das Mahl im Haus eines Reichen sein, und Er konnte, weil Er diese Dinge nicht asketisch ablehnte, sogar der Schlemmer genannt werden (vgl. Mt 11,19). Er war aber auch mit einem trockenen Brot zufrieden, ja, Er aß selbst noch mit den Hungernden, um ihnen die Augen zu öffnen für den Vater, für die Herrlichkeitsfülle des endzeitlichen Heiles: Denken wir an die paar Brote und Fische in der Wüste (vgl z.B. Mt 14, 13–21). Jesus lebte also, wie Roger Schütz sagt, *im Provisorium.* Er vertraute in aller Gelassenheit der Vorsehung Seines Vaters im Himmel. In allem hatte Er das Herz eines Armen und so war Er als Armer *frei und verfügbar* für Seine Reich–Gottes–Sendung. Auch das ist ein wichtiges Richtmaß für unsere Armut. Einmal sind wir Beschenkte, einmal leiden wir Mangel – wie Paulus beschreibt – wie es sich eben gerade aus unserer *jeweiligen Aufgabe und Sendung* ergibt.

Geistige Armut

– Armut an Zeit

Die Armut Jesu ist auch eine immaterielle, geistige Armut. Z.B. *Armut an Zeit für sich,* was wir im Evangelium öfters erleben; *Armut an Ruhe zum persönlichen Zusammensein mit Seinen Jüngern:* Es heißt, daß Er sich mit Seinen Jüngern zurückzog, und als sie endlich an jenen Ort kamen, wo sie für sich sein wollten, waren bereits die Menschen da, und sie hatten wieder keine Ruhe und Zeit füreinander (vgl. Mk 6,31–34). Es ist eine besondere Art von Reichtum, Zeit zu haben, nach Gutdünken über die kommenden Stunden zu verfügen und sie nach eigenem Gefallen zu verwenden, sich die Mußezeit zu nehmen, die man begehrt und im Augenblick jene Beschäftigung zu wählen, die einem gerade am besten behagt. Nicht über seine Zeit zu verfügen, sei eine der schwersten Formen der Enteignung, hat jemand einmal gesagt. Jesus ist durch die drängenden Augenblickssorgen enteignet, durch die *Nöte der anderen* nämlich. Das sind Formen der Armut, die in Jesus vorgebildet sind und die unser Leben bestimmen können. Seine Zeit gehörte Ihm nicht. Sie war ganz *dem Vater und Seinem Werk* gewidmet. Wenn ich in die Christusnachfolge trete, gehört auch meine Zeit voll und ganz dem Vater, denn Christus hat uns gesandt, wie auch Er vom Vater gesandt war. Gott hat in Seiner Schöpfungsordnung für mich immer wieder *Orte der Stille* ausgesucht. Aber auch die Orte der Zurückgezogenheit, auch das Alleinsein mit dem Vater, gehört zum das *Eigentums-recht des Vaters* über mich. Meine Zeit gehört mir nicht, sie gehört dem, dem ich mich angetraut habe.

Arm an Zeit, geizte Jesus doch nie mit ihr. Er ging immer wieder auf die Menschen zu, wie wir es im Evangelium so wunderbar verfolgen können. Jesus erschien *nie unge-duldig,* selbst dort, wo die Jünger manchmal nervös wur-den, als z.B. die heidnische Frau bei Sidon hinterher schrie (vgl. Mt 15,23) oder wo Frauen mit ihren Kindern kamen, und die Jünger schon so müde waren, daß sie sie fortschicken wollten (vgl. Mt 19,13). Er ließ sich nicht davon abbringen, all das anzunehmen, was an Sorge und Not auf Ihn zukam. Jesus verfügte über die Zeit immer als ein Armer, *im ausschließlichen Dienst am Reiche Gottes.* Prüfen wir deshalb immer, wie wir persönlich über die Zeit verfügen: – wie Arme, denen sie eigentlich gar nicht gehört – oder wie ihre Eigentümer?

– Armut an Erfolg

Jesus erfuhr die Armut dessen, der anderen helfen möchte und es doch nicht konnte, weil Er nicht angenommen wurde, obwohl Er größte Zeichen tat. Er klagte über die Städte, in denen Er die meisten Wunder gewirkt hatte, denn die Menschen dort bekehrten sich nicht: Ka-farnaum, Chorazim, Bethsaida (vgl Mt 11,20–24). Kaum einer glaubte seiner Botschaft – und in Nazaret, in Seiner eigenen Heimat, glaubten sie überhaupt nicht (vgl. Mt 13,57). Jesus war *dem Unglauben der Menschen gegenü-ber wehrlos.* Wieder eine Form, die uns genau so betref-fen kann. Wir tun manchmal, was wir können, und trotz-dem bekehren sich die Menschen nicht. Dann geht es darum, sie *weiterzulieben bis in den Tod.* Das ist nicht leicht und nur mit Gottes Hilfe möglich. Wenn ich auch noch so erfolglos verkündige, ist es wichtig trotzdem in aller Liebe weiterzuverkünden. Wachstum zu geben, ist in diesem Fall nicht meine Aufgabe, sondern mein Auftrag ist auszusäen. Das ist Armut: denn wer will nicht auch einmal die Frucht seines Tuns sehen?

Auch hier merken wir wieder ganz klar, was evangelische Armut ist. Das sind ganz konkrete Dinge – in jedem Beruf, überall da, wo wir jetzt gerade stehen: keinen Erfolg sehen, obwohl man sich ganz eingesetzt hat. Wir spüren alle, wie wir uns dagegen wehren! Wir führen lange Diskussionen über Gramm und Zentimeter, obwohl die Armut gerade bei diesen Dingen ganz konkret zu leben wäre. Wenn wir das erkennen, dann sind auch die Gramm und die Zentimeter kein Problem mehr. Achten wir darum auf das Vorbild Jesu. Oder hören wir die verzweifelte Frage Jesu: „Warum glaubt ihr mir nicht?" Er mußte auch zu den Aposteln, die Ihm schon so lange folgten und so Wunderbares mit Ihm erlebt hatten, sagen: „Warum versteht ihr denn immer noch nicht?" (vgl. Mt 15,16; Joh 14,9). Da geht einem auf, was es heißt, ohne Erfolg zu den Menschen zu sprechen, ja, sogar auch Wunder zu tun, die ohne Wirkung auf den Glauben der anderen bleiben. Jesu Leben unter den Menschen ist reich an Enttäuschungen, reich an Mißerfolgen, an Nicht–Verstanden–Werden, an Demütigung, reich an Verleumdungen, an Verlassen–Werden, bis hin zum Verrat. Das ist Sein Leben. Und das ist diese immateriell–geistige Armut Jesu.

Jesus nahm die Armut völlig freiwillig an. Am *Ölberg*, wo Er sich auf die Jünger verlassen wollte und zu ihnen sagte: „Wachet und betet!", da fielen sie in einen tiefen Schlaf. Nicht einmal eine Stunde konnten sie mit Ihm wachen (Mt 26,40). Hier wird einem bewußt, wie tief der Vater in Jesus in die Armut hineingestiegen ist. Jene, die zuerst alles um

Jesu willen verlassen haben, sind am Ende jene, von denen es heißt: „Da verließen Ihn alle Jünger und flohen." (vgl. Mt 26,56). Am Ölberg verließen Ihn auch noch die letzten. Ja, Er selbst schickte sie sogar weg: „Wenn ihr mich sucht, dann laßt diese gehen" (vgl. Joh 18,8). Er sorgte sich sogar noch darum, daß sie heil davonkamen. *Nichts war Jesus zu eigen:* weder Seine Freunde, noch Seine Zukunft, weder Seine Pläne, noch Sein Werk – all das gehörte dem Vater. Welche Sorgen machen wir uns um „unser" Werk, um „unsere" Aufgabe? Aber es ist Sein Werk, es ist das Werk des Vaters – und nicht meines. Es ist der Auftrag, den der Vater mir gibt – und nicht meiner. Wenn wir diese Dinge wirklich alle in unser Leben der Nachfolge mit einplanen, dann werden wir auch nicht enttäuscht sein und resignieren, wenn es hart wird. Armut ist also die totale Abhängigkeit vom Willen eines anderen, vom Willen des Vaters. Wir spüren auch den *Zusammenhang von Gehorsam, jungfräulicher Liebe und Armut.* Das ist alles eine Sache: das ist das Leben der Vollkommenheit in Gott. Jesus sagte ja: „Von mir aus kann ich nichts tun" (Joh 5,19). „Meine Lehre stammt nicht von mir" (Joh 7,16). „Ich tue nicht meine Werke. Ich suche nicht meinen Willen, sondern den Willen dessen, der mich gesandt hat" (vgl. Joh 6.38). Das ist radikale, geistige Enteignung. Aber nicht aus Unsicherheit und Angst, sondern aufgrund Seiner vollkommenen Einheit mit dem Vater, in der Er ganz transparent wurde für Ihn, für den Vater.

Menschlich ausweglose Armut

Die Armut Jesu ist menschlich ausweglos. Wir kennen die Stelle: „Anderen hat er geholfen, sich selbst kann er nicht helfen. Er steige herab vom Kreuz, dann wollen wir an ihn glauben" (vgl. Mt 27,42). Menschlich ausweglose Armut bis in den Tod. Weil Er eins ist mit dem Willen des Vaters, steigt Er eben nicht vom Kreuz herab, denn der Vater will es nicht. Das ist die Macht des freiwillig Armen: „Niemand nimmt mir mein Leben. Ich gebe es von mir aus hin" (vgl. Joh 10,18). Da hing einer am Kreuz, wurde verspottet – und hätte herabsteigen und so allen klar beweisen können, was wirklich los war. Er tat es aber nicht. Er erniedrigte sich selbst, war gehorsam, war arm bis zum Tod, ja, bis zum Tod am Kreuz. Darum hat Ihn Gott erhöht und Ihm einen Namen gegeben, der über alle Namen ist, sodaß jede Zunge bekenne: Jesus Christus ist der Herr! (vgl. Phil 2,6–11). Jesu Auferstehung und Erhöhung ist die *Frucht Seiner Armut,* Seiner Entäußerung. Sie sind die Erfüllung der Verheißung, daß wir durch Seine Armut reich würden (vgl. 2 Kor 8,9).

Die Evangelien zeigen uns nicht nur die persönlich vielgestaltige Armut Jesu, sondern auch den *Jesus der Armen.* Er lebte Sein Leben mit den Armen, Er lebte es für sie, *für die Sünder.* Er war ergriffen vom Elend. In Seiner Gesellschaft waren Arme und Elende aller Art, auch die „armen Reichen". Jesus ist *für alle* da. Auch das ist eine Form der Armut. Auch unter uns gibt es Menschen, die mit Reichen zu tun haben, während andere die Reichen verachten und nur zu den Armen gehen. Sie merken nicht, daß sie eigentlich für alle da sein sollten. Gerade die Reichen sind meist die viel Ärmeren, denn ihr Leben ist oft noch sinnloser. Jesus verkündet den Armen nicht nur das Reich Gottes, sondern Er bringt es ihnen *in Seiner Person,* um sie alle reich und zu neuen Menschen in Seinem Reich zu machen, in der Gemeinschaft der Erlösten. Bei Ihm geht es nicht um eine abstrakte „*Armut*", sondern es geht Ihm ganz konkret um „*den Armen*". *Alle* ziehen Sein Erbarmen an: die Gemiedenen, die Hilflosen, die Weinenden, die Verzweifelten, die Beladenen, die Geringsten. Er ist da für die Kranken, für die Fremden, die Heiden, die Hungernden, die Gescheiterten, für die Glaubenslosen, die Hoffnungslosen, für Zöllner, Sünder, Ungeliebte...

Evangelische Armut im 20. Jahrhundert

Jesu persönliche Armut ist Armut aus göttlichem Adel und göttlicher Freiheit und steht ganz *im Dienst der Überwindung der Armut* aus Sünde und Unfreiheit. Dasselbe gilt auch für Jesu Solidarität mit den sozial–geistlich Armen Seiner Zeit. Weil die Berufung der Jünger allein in Jesus und Seinem Dienst für Gott und den Menschen gründet, gibt es die Nachfolge auch in der Trübsal. Man kann die Armut Jesu nicht verstehen, wenn man sie als Gemeinschaft der Kirche und als einzelnes Glied dieser Gemeinschaft nicht in irgendeiner Weise *am eigenen Leib und an der eigenen Seele erfahren* hat. Nur so wird die Botschaft vom Reich Gottes glaubwürdig. Beim Betrachten der verschiedenen Formen werden wir sicher spüren, wie konkret sie auch in unserem eigenen Leben da sind. Vor allem aber werden wir erleben, wie oft wir uns diesen Dingen entziehen und die Armut nicht annehmen. Es ist einfacher, bestimmte Armutsvorschriften nach einer Satzung zu leben, als die Armut, die mir so durch die eigene Gemeinschaft oder wie auch immer plötzlich aufgegeben wird.

Vielleicht noch einige Stichworte: Niemand, der die Güter dieser Welt abwertet, kann sich auf Jesus Christus berufen! Gefordert ist jedoch von der Kirche und deren Gliedern der *rechte Gebrauch der Güter,* ein Leben in Einfachheit, das sich nicht nur im persönlichen Lebensstil, sondern auch im Erscheinungsbild der Kirche insgesamt ausdrückt. Es genügt nicht, sich nur innerlich von den Dingen loszulösen und sie doch alle zu behalten. Man muß sie je nach der Führung des Geistes im konkreten Moment der Kirche tatsächlich loslassen und *bereit zum äußeren Besitzverzicht* zugunsten der materiell Armen sein. Irdische Schätze anzusammeln ist für die Kirche eine problematische Sache, auch wenn sie für viele Bedienstete eine Sorgepflicht hat.

Noch problematischer ist der Einsatz von Macht, der *Einsatz reicher Mittel* zur Gewinnung von Menschen für den armen Herrn, auch wenn die Kirche in ihrem Weltauftrag nicht ganz darauf verzichten kann. Es kann sehr notwendig sein, Mittel für die Verkündigung einzusetzen – aber es wäre ganz und gar nicht im Sinne des Evangeliums, wenn sie zu einer Art Macht würden. Wir müßten wieder ein ganz armes Mittel entdecken – das wirksamste aller Zeiten – und das ist das *Wort Gottes* selber. Wir haben dieses arme, dieses schlichte Mittel des Wortes Gottes, das aber die Herzen trifft, durch große aufwendige, materielle Mittel ersetzt. Und wir erleben, daß diese Dinge zwar „schön" sind, denn die Leute hören gerne eine geistliche Unterhaltung – aber die Menschen verändern sich dabei nicht. Erst wenn sie mit dem Wort Gottes konfrontiert werden, werden sie in ihren Herzen getroffen. Wenn die Botschaft Jesu alle Völker erreichen soll, muß die Kirche auch *Massenmedien* in ihren Dienst nehmen und gut eingerichtete Institute und Schulen aufbauen, ohne die Problematik dieser Mittel zu vegessen.

Der Kampf im Dienste Christi für das Reich Gottes, für den Menschen und gegen den Widersacher geschieht zuerst durch das arme Mittel des *persönlichen Zeugnisses* – eines

Zeugen des Herrn, der nicht als Herr über den Glauben anderer auftreten will, sondern als Diener ihrer Freude.

Das setzt eine *innere geistige Armut* voraus: einfach da sein, sich in den Menschen verlieben – im Sinne Jesu, einfach Zeugnis von Gott geben und es Ihm überlassen, wie Er den Samen aufgehen lassen will.

Die Kirche muß sich konkret ihrer Pilgerschaft bewußt werden und dazu gehört, *sich selbst in Frage zu stellen,* aber auch, sich in Frage stellen zu lassen, eigenes Versagen einzugestehen und bereit zu sein, Kritik anzunehmen. Man muß den *Mut zur Reform* aufbringen, den Mut zum Provisorium, und vor allem auch zur „Leichtigkeit". *Innere Leichtigkeit* ist mit Armut verbunden, mit diesem Frei–Sein. Sie besteht in Vorsehungsgläubigkeit und im Loslassen, im Sich–Überlassen, im Gelöst–Sein. Sie besteht eigentlich in den Früchten des Geistes: Liebe, Freude, Friede, Langmut, Freundlichkeit, Güte, Treue, Sanftmut, Selbstbeherrschung (Gal 5,22). Diese Leichtigkeit gewinnen wir nur, je weniger Gepäck wir in Gestalt *falscher Sicherheiten* mitschleppen. Es ist wichtig, daß wir in unserem Ordensleben persönlich und als Gemeinschaft miteinander darüber reflektieren, was wir leben. Es wäre gut, *geistlichen Austausch* über die evangelischen Räte zu halten, wo jeder aus der Sicht seines Glaubens mitteilt, was für ihn dieser konkrete Rat im Alltag bedeutet. Das sind Glaubenszeugnisse! Das ist Verkündigung des Evangeliums. Das könnte uns dazu anregen, die Berufung zur Armut genauer und bewußter zu sehen und auch zu leben.

Alle drei Räte umfassen unser *ganzes Leben,* und manchmal fliehen wir aus unserer Berufung, weil wir das ganz Normale dieser Christus–Nachfolge übersehen – das, was uns der Herr täglich im einzelnen zumutet und von uns

erwartet. Wir übersehen es, weil wir nur auf unsere eigenen Pläne schauen, auf das, was wir erreichen wollen. So
hindert mich der Alltag nicht, meine Berufung zu leben.
Im Gegenteil, er ist das Brennholz für meine Berufung,
damit sie wirklich brennt und lodert!